Generis
PUBLISHING

WEIMAR-HIROSHIMA

1920-2020 : le déclin de l'Occident

Augusto Forti

Title: WEIMAR-HIROSHIMA

1920-2020 : le déclin de l'Occident

ISBN: 979-8-88676-222-8

Author: Augusto Forti

Cover image: The Blue Angel poster (1930), Wikimedia Commons/www.pixabay.com

Publisher: Generis Publishing
Online orders: www.generis-publishing.com
Contact email: info@generis-publishing.com

AUGUSTO FORTI

WEIMAR-HIROSHIMA

1920-2020 : le déclin de l'Occident

Traduit de l'italien
par Patrick Vighetti

« Désormais, les villes sur lesquelles je régnais sont mortes, le royaume qui m'avait été confié est vide, un désert aux reflets bleus, et quelque part autour d'une petite étoile jaune sans nom qui tourne sans cesse, en vain, la planète Terre radioactive. Je suis Salomon, oui je suis Salomon, je suis le pauvre roi Salomon. »

Friedrich Dürrenmatt, *Les Physiciens*

SOMMAIRE

INTRODUCTION

Venise, 2020

Venise, le 10 mars 2020. L'épidémie du « Corona virus », le Covid-19, sévit. On compte déjà plus de deux mille morts en Italie. La pandémie ne cesse de s'aggraver et, à présent, on déplore chaque jour plus de cinq cents nouvelles victimes. La ville a pris un aspect fantomatique. À bord des *vaporetti* où, d'habitude, on s'entasse comme des sardines en boîte, on ne voit que deux ou trois passagers, généralement vénitiens. Les *calli* sont désertes et les commerces fermés, et tout autant les hôtels, les restaurants et les cafés. Ne subsistent que les supermarchés, mais ils commencent déjà à manquer de nombreux produits. Les écoles et l'université sont fermées. Une ordonnance du ministère de l'Intérieur confine les gens chez eux, leur interdisant de sortir, à moins d'exhiber un formulaire spécial qui précise les raisons graves pour lesquelles vous êtes obligé de sortir momentanément de chez vous. Les canaux sont de nouveau limpides et grouillent de poissons et de crabes. Le silence pesant n'est interrompu que par le cri des mouettes.

Je songe à Thomas Mann et à son livre, *La mort à Venise*, paru en 1912. La peste à Venise frappe l'écrivain Gustav von Aschenbach qui reste à l'Hôtel des Bains, au Lido, malgré les ravages de l'épidémie qui va le conduire à la mort, à cause de l'enchantement de la beauté et de l'harmonie, incarnées par un jeune Polonais : Tadzio. Tout aujourd'hui est resté en l'état, après toutes ces années. C'est là la merveilleuse beauté de Venise, hors du temps. L'Hôtel des Bains, la « palm room » et même la plage où Visconti a reconstitué fidèlement cette histoire dans son film, sont toujours là. L'air et les odeurs nauséabondes des canaux, tels qu'ils sont racontés dans *Mort à Venise*, ont disparu en revanche, remplacés cependant par une menace sournoise et invisible : un virus inconnu appelé « corona»… Et on entend aujourd'hui, comme à l'époque, les protestations des tour-opérateurs…

1920. S'achève la seconde vague de la pandémie appelée alors « grippe espagnole ». La Grande Guerre est finie elle aussi.

2020, Venise. La ville déserte, frappée par l'épidémie du « virus corona », m'a ramené cent ans en arrière, à « Weimar », et aux années 1920, aux « Roaring Twenties ». À la pandémie qui s'est terminée en 1920, à laquelle ont succédé une Weimar destinée à une fin tragique et une nouvelle guerre mondiale. Ensuite, avec Spinelli, Adenauer, Schumann, De Gasperi et de nombreux autres, nous avons bâti une Europe pacifique pendant près de soixante-dix ans. Qu'y aura-t-il après la pandémie du virus corona ? On dit que l'histoire ne se répète pas. Cependant, on relève d'étranges assonances. L'Europe de 2020 est en train de se déliter, avec des régimes autoritaires comme en 1920, à commencer par la Hongrie et par les crises économiques endémiques qui engendrent du chômage de masse. Populistes et néo-fascismes sévissent en Allemagne, en Italie, en France, dans une Pologne revancharde qui mine l'État de droit. Et une brave dame sympathique est à la tête de ce qui reste d'une Europe rêvée.

Aussi, repartons. Il n'est jamais trop tard, énonçait le titre d'un film populaire. Pour tenter de « comprendre », peut-être et surtout d'apprendre, de 1920, de la belle mais malheureuse histoire de la République de Weimar, et des quelques années qui ont suivi.

De Weimar à Hitler, les années 1930 marquent la fin de la République et l'avènement du nazisme. La fin des années 1920 et les années 1930 ont été un incubateur pour la physique quantique, à laquelle les physiciens allemands ont apporté une contribution décisive. La fission de l'atome en 1938 est comme le « sésame, ouvre-toi » de la caverne d'Ali Baba : à l'intérieur, on y trouve la bombe atomique. La communauté des physiciens se rend immédiatement compte de l'immense potentiel énergétique de cette découverte, mais hélas ! les gouvernements s'en rendent compte également qui s'apprêtaient à déclencher la Seconde Guerre mondiale. Ainsi, des illusions d'un monde meilleur nées de la courte vie de la République de Weimar, nous avons lentement glissé vers le nazisme et vers l'utilisation possible de l'atome dans une guerre — vers Hiroshima et Nagasaki.

CHAPITRE I
« ROARING TWENTIES ». MISÈRE, FOLIE, CRÉATIVITÉ ET ATOMES

Durant l'entre-deux-guerres, les années 1920 et 1930 ont représenté pour l'Europe une transformation géopolitique et sociale considérable. La révolution industrielle s'est accentuée, en particulier dans le domaine de la mécanique et de la chimie, entraînant un puissant développement de la technologie et, parallèlement, l'affirmation des organisations syndicales. La finance internationale a pris une place déterminante dans l'essor économique des différents pays, comme l'a montré la crise de 1929-1930. Les États européens continuent à tirer grand profit des colonies. La classe bourgeoise, qui conduit le développement économique, soutient, dans la mesure du possible, la gestion démocratique du pouvoir politique. C'est une époque où les changements apportés par la fin de la guerre de 1914-1918 amènent tout naturellement à une réflexion sur la société occidentale, sur ses valeurs et sur ses difficultés. Cette réflexion intègre aussi le fait que, vers la fin des années 1930, de nombreux pays européens vont être dirigés par des régimes autoritaires, et que se profile le spectre d'une nouvelle guerre, encore plus dévastatrice que la précédente, avec tout le nécessaire à pied d'œuvre et toutes les variables possibles, y compris celle atomique.

La République de Weimar, offrant des perspectives de liberté, de créativité et de démocratie, a-t-elle été un incident de parcours dans une Europe qui filait vers la catastrophe mondiale et, plus particulièrement, vers Hiroshima, ou a-t-elle été inconsciemment à l'origine de ces désastres ? La courte mais intense vie de cette République singulière mérite d'être étudiée minutieusement car, aujourd'hui encore, elle devrait nous aider à comprendre et, éventuellement, à éviter de nouvelles catastrophes.

Nous ne saurions parler de « Weimar » sans évoquer les « Années folles », les « Roaring Twenties » que nous regardons souvent à travers les lunettes embuées du temps et non sans une relative nostalgie. Des années de folies, d'intense créativité sociale, artistique, politique et scientifique, mais également de grandes misères et de turbulences sociales. L'Europe de 1918 était sortie d'une guerre qualifiée par beaucoup d'absurde, avec ses trente millions de morts. Les valeurs fondamentales de la civilisation européenne et, en particulier, les valeurs politiques, culturelles, sociales, sont remises en cause, ces mêmes valeurs que l'Europe et que l'Occident avaient répandues à travers le monde : droits de l'Homme, démocratie représentative, progrès scientifique et technologique, État laïque et respectueux de la diversité religieuse, liberté de conscience et d'expression de ses idées, respect de l'individu, égalité devant la justice... — tout ce que la société occidentale avait acquis en près de deux millénaires de luttes et de progrès depuis la Grèce et depuis la Renaissance comme s'il s'agissait de l'histoire d'une véritable civilisation. Or, la République de Weimar, au milieu du chaos et de l'effervescence qui y régnaient, a représenté le « bon moment » pour une telle réflexion fondamentale. Décadence et fin de l'Occident ? Oswald Spengler[1] l'affirme dans une analyse historique fort lucide. Mais il faut aussi compter avec un monsieur, un vieux professeur nécromant qui erre à travers l'Europe, le doktor Faustus, témoin à travers les siècles de notre histoire, que Thomas Mann

---

[1] Oswald Spengler, *Le Déclin de l'Occident* (1918-1922).

nous dépeint pour sa part sous les apparences du musicien Leverkuhn, image de l'Allemagne de l'entre-deux-guerres, métaphore de l'Europe comme d'une société qui s'achemine vers sa décomposition et sa descente aux enfers. Pour certains, aujourd'hui encore, tout est la faute du capitalisme et de sa soif de profit ; pour d'autres, celle du souverainisme et du nationalisme exaspéré ; tandis que, pour d'autres encore, la faute en incombe au développement impétueux de la science et de la technique, entraînant une humanité asservie à la technologie, comme le dénoncent les films de Fritz Lang, *Metropolis* (1927) et de Charlie Chaplin, *Les Temps modernes* (1936). Fritz Lang était allé plus loin encore dans ses dénonciations, avec son *Dr Mabuse* de 1922, une des œuvres majeures du grand cinéma expressionniste allemand, dans lequel ce personnage inquiétant, aux pouvoirs paranormaux, provoque même une crise financière. Un présage de la crise de 1929 ?

Dans les années 1920-1930, les problèmes de l'Allemagne reflètent ce qui se produit dans toute l'Europe, avec la conversion d'une société, jusque-là essentiellement agricole, au capitalisme industriel conquérant, qui entraîne des conflits entre les deux blocs et détermine l'arrivée sur la scène politique des grandes masses du prolétariat industriel.

C'est dans cette Europe secouée par la brutalité d'un conflit qui met en doute sa propre capacité de survie, que naît, pour une brève période — quatorze ans —, la République de Weimar. Celle-ci rassemble les principes démocratiques et moraux qui, longtemps, ont fait la fierté et la fortune de l'Occident. Mais la République apparaît très vite comme un rameur malheureux qui tente vainement de faire avancer sa barque à contre-courant. C'est la représentation de ce qui se passe et de ce qui va se passer en Europe, laquelle se dirige vers l'avenir sombre des fascismes noirs et rouges : Staline, 1922 ; Mussolini, 1922 ; Hitler, 1933. Les partis socialistes, souvent au pouvoir, s'affaiblissent à cause des scissions communistes, préparant ainsi un boulevard aux régimes dictatoriaux de droite. La bourgeoisie qui, à partir de la Renaissance, constituait la classe dominante en Europe où elle avait apporté progressivement la démocratie, tétanisée maintenant par les violences de droite et par celles d'origine communiste et bolchévique, cède peu à peu la place aux extrémistes ou, bien plutôt, aux mouvements populistes avec de fortes connotations de type nationaliste, comme le fascisme en Italie et le national-socialisme en Allemagne. L'Europe politique des années 1930 change de visage avec la naissance de l'Union soviétique. En dehors de la Russie, de l'Italie et de l'Allemagne, des régimes autoritaires vont s'instaurer en Hongrie (dès 1920), en Grèce (1936), en Autriche (1932), au Portugal (1932) et en Espagne (1936-1939). Les écrivains allemands de ces années-là sont les témoins attentifs de la fin d'une époque. En 1929, Vicki Baum publie, en Allemagne, sous la République de Weimar, un des premiers best-sellers, *Menschen im hotel*, qui va circuler dans le monde sous le titre de *Grand Hotel*. Nous nous en souvenons aussi pour l'interprétation de Greta Garbo dans le film de 1932 tiré du roman. L'actrice obtient un immense succès personnel avec l'interprétation, en 1939, de *Ninotchka*, un film tourné en Amérique, où s'est réfugiée Vicki Baum pour échapper aux persécutions nazies. *Grand Hotel* est la métaphore nostalgique d'un monde en décomposition, celui de l'Europe des « Palaces » du début du XXe siècle, comme l'étaient l'Hôtel des Bains à Venise où Thomas Mann situe l'histoire de *Mort à Venise*, le Negresco à Nice où vont s'installer les riches aristocrates russes, ou encore l'Adlon, à Berlin. *Grand Hotel* s'achève sur l'image du Dr Otternschlag dans le hall du Palace : « Il a sa place attitrée et il y reste. Ses mains jaunâtres pendent comme si elles étaient de plomb, et son œil de verre est pointé en direction de la rue inondée d'un soleil qu'il ne peut pas voir. La porte tournante pivote sur elle-même et ne s'arrête plus de tourner, de tourner… » Comme pour dire que, dans les Palaces de Berlin, de Venise, de Londres, de Nice ou de Paris, une certaine civilisation arrive à son terme, représentée par le Dr Otternschlag, tandis qu'au-dehors le monde change, plein de dangers, celui que laisse la Grande Guerre, et qu'on vit les dernières années de la « République » avec tous ses bouleversements sociaux, mais aussi avec le génie des années 1920 et 1930, impétueux, et tout autant jeté dans la confusion pour avoir perdu ses anciennes certitudes.

C'est dans ce climat d'incertitudes, mais animé aussi d'une grande créativité, qu'on trouve à Weimar, grâce à la présence d'Einstein, de Heisenberg, de Planck, de Schrodinger, de Born, d'Otto Hahn et de nombreux autres scientifiques, grâce à la naissance de la mécanique quantique puis à la réalisation de la « fission » nucléaire, un développement incroyable non seulement des arts mais aussi de la science. À quoi nous pourrions tout de suite ajouter que, durant cette période, on assiste à l'« irrésistible ascension de l'atome ».

De fait, quelques années auparavant seulement, Einstein avait formulé la théorie révolutionnaire de la relativité générale, qui connaîtra, durant les années de Weimar, des confirmations et des développements d'importance. Dans un contexte aussi créatif, avec la fission nucléaire obtenue par Otto Hahn et par son équipe de chercheurs, il est difficile de ne pas associer les progrès de la physique accomplis à Weimar à la naissance de l'arme atomique.

Mais, afin de souligner encore une fois la richesse intellectuelle de la société durant la République de Weimar, tandis qu'en 1927 Heisenberg formule un des principes fondamentaux de la physique quantique, le « principe d'indétermination », cette même année, le philosophe controversé Martin Heidegger publie un ouvrage philosophique d'un grand intérêt pour la pensée occidentale : *Être et temps*. 1927 est une année bien particulière, puisqu'elle voit l'irrésistible développement technologique se manifester aussi par l'exploit retentissant de la traversée de l'Atlantique sans escale effectuée par Charles Lindbergh, ou par la sortie dans les salles du premier film parlant, *Le Chanteur de Jazz*[2], d'Alan Crosland, tandis que l'éclairage électrique remplace petit à petit les romantiques becs de gaz. De nombreux philosophes et sociologues de premier plan habitent Weimar, comme Ernst Bloch, tandis que, en 1922, on réfléchit sur l'avenir, avec l'édition définitive du *Déclin de l'Occident* de Spengler : une longue analyse détaillée de la façon dont les civilisations naissent et meurent.

Ce n'est pas par hasard que nous avons pris comme sous-titre au présent ouvrage le titre du livre de Spengler, *Le Déclin de l'Occident*, paru en 1918 à la fin de la guerre et revu en 1922 au beau milieu des « Roaring Twenties ». Il décrit parfaitement la profonde crise de la pensée durant les années de Weimar. Selon Spengler : « Nous avons perdu notre âme au profit de la raison et de la technique. » De l'autre côté de la Manche, la fin du rêve technico-industriel occidental est exprimée par Thomas Eliot, dans l'un des poèmes majeurs du XXe siècle européen, *La terre vaine (The*

---

[2] Le cinéma va alors devenir le pilier audio-visuel de notre histoire, mais aussi le porte-parole des nouvelles tendances artistiques, comme par exemple le fameux *Entr'acte* (1924) de René Clair, avec la collaboration de Francis Picabia et les compositions musicales d'avant-garde d'Éric Satie, qui seront ajoutées plus tard à la bande-son.

Waste Land), composé en 1922, où sont décrites une société et une bourgeoisie faustiennement technologistes et arrivées à leur épilogue.

Aujourd'hui encore, nous nous interrogeons sur la valeur pour l'humanité d'une société dirigée par les multinationales sans visage et soumise au contrôle total du développement technologique.

Le conflit de 1914-1918 avait laissé de profondes blessures dans tout l'Occident et on s'interrogeait sur les raisons d'une telle violence stérile. C'était le cas en particulier de l'Allemagne prussienne, qui avait perdu la guerre, avec plus d'un million de morts. Pourquoi cette guerre ? Musil, fervent nationaliste, y avait combattu. Déçu par la défaite et par l'effondrement des valeurs de la société prussienne, il écrit dans son journal : « Il nous faut nous interroger sur ce qui nous a conduits à la guerre. Je crois que la bonne réponse est : parce que nous en avions assez de la paix. » Une réponse compréhensible pour un nostalgique de l'Empire et de l'empereur qui sent que la société arrive à son terme et qu'elle ne nourrit plus d'espoir, comme celle qu'il décrit dans son chef-d'œuvre, *L'homme sans qualité* (1930), où la figure de l'industriel Arnheim s'inspire de Walter Rathenau. Mais mentionnons aussi George Grosz, le peintre qui illustre dans ses toiles les blessures et les obscénités de la société de l'après-guerre et qui affirme : « Je suis absolument convaincu que notre époque vogue vers sa propre destruction. »

Toute la société européenne, depuis le début des années 1930 jusqu'à l'éclatement de la Seconde Guerre mondiale, va vivre avec les excès et les difficultés de l'atmosphère de « fin d'empire », de fin d'une civilisation comme l'imaginait Spengler, mais aussi, sous d'autres aspects, comme l'imaginaient d'autres intellectuels et penseurs, dans un monde animé de faux espoirs, le monde de Weimar et de ses derniers feux. Il vaut la peine de s'attarder sur le récit de la vie quotidienne laissé par les écrivains de l'époque, car ces années forment le bouillon de culture, avec la nouvelle physique et les innombrables mouvements artistiques et politiques, de la future société occidentale, celle que nous connaissons aujourd'hui. Une atmosphère dans laquelle, tandis que les peintres s'appliquent à décomposer la « figure », les physiciens s'emploient à « décomposer » l'atome. Durant ces années-là, la physique accomplit des progrès décisifs dans la connaissance de l'atome. 1921 voit l'inauguration, à Copenhague, de l'Institut de physique théorique de Niels Bohr, l'un des grands protagonistes de la nouvelle physique. Ce lieu deviendra la maison de tous les physiciens atomistes, y compris de ceux qui vont réaliser plus tard la bombe atomique.

L'atome, dans la culture occidentale, compte au moins deux pères : Leucippe et Démocrite, les deux philosophes grecs qui, il y a plus de deux mille ans, décrivant l'origine du « monde », concevaient un espace vide infini parcouru de particules infinitésimales, les « atomes » qui, en se rencontrant « au hasard » (Leucippe) entre eux, ont donné naissance à la vie et à toutes les choses du monde. Cette pensée se rapproche du peu que nous savons, aujourd'hui, de notre histoire et de l'origine de l'univers. Aristote et Newton, cependant, nous ont fait perdre les traces du hasard, des collisions entre les atomes à l'origine des réalités du monde et du monde lui-même, en substituant à ces conjectures un déterminisme rassurant qui gouverne notre vie avec les religions monothéistes et le mouvement des corps célestes réglé, comme s'il s'agissait d'une immense horloge, par la loi d'Isaac Newton. Pour ce dernier, tout était déjà écrit.

Il a fallu le désordre fécond des années 1920 et 1930 et la catastrophe de deux guerres mondiales pour que nous commencions à nous affranchir de cette vision déterministe des phénomènes, — un désordre auquel a contribué la nouvelle physique des années de Weimar, à savoir la mécanique quantique, avec son « principe d'indétermination » et son influence en biologie, en chimie et dans d'autres domaines encore de la science et de la société. Plus près de nous, un groupe de chercheurs en biologie autour de Jacques Monod, de François Jacob et d'autres scientifiques[3], est arrivé à la conclusion que, nous aussi, les êtres humains, sommes le fruit accidentel du hasard et non d'un destin préétabli. Le livre de Monod, dans lequel sont exposés les résultats d'années de recherches, se conclut ainsi : « L'ancienne alliance est rompue ; l'homme sait enfin qu'il est seul dans l'immensité indifférente de l'Univers d'où il a émergé par hasard. » En chimie aussi, avec les études sur l'entropie qu'a effectuées Ilya Prigogine, et qu'il décrit en partie dans son livre, *La fin des certitudes* (1996)[4], le rôle du hasard, qui règne dans l'univers et dans de notre vie quotidienne, à nous mortels, apparaît comme manifeste. Nous sommes ballotés sur un océan d'incertitudes. Mais il est encore difficile, pour notre génération, de croire que les « choses » arrivent sans aucune raison.

Une vague entropique affecte toutes les composantes des années 1920 et 1930, de la physique à l'art, de l'économie à la politique, préparant le grand bouleversement que va provoquer la Seconde Guerre mondiale : tout ne sera plus ni prévisible ni linéaire. Ainsi, désormais, nous savons que nous vivons dans un univers qui s'est auto-engendré par pur hasard, que notre avenir est imprévisible et que nous avons moins de certitudes en

---

[3] Cf. Jacques Monod, *Le hasard et la nécessité*, 1970.
[4] L'entropie, en chimie, pour un liquide, est la dégénérescence graduelle d'un système vers le plus grand désordre, jusqu'à ce que se produise un changement d'état (moléculaire). Il en va de même pour la société : le désordre, le chaos — et finalement une structure nouvelle.

échange de plus de liberté, puisque nous ne dépendons plus d'un destin déjà tout tracé. Pour en revenir à la pensée de Spengler, la durée d'une civilisation se compte en dizaines de siècles (les Égyptiens, les Romains, les Incas…), l'Apocalypse aime les millénaires (Saint-Paul…) ainsi que les millénaristes. Mais aujourd'hui, contrairement à ce que pensait Spengler, la fin d'une civilisation peut ne pas durer des dizaines d'années, mais même survenir sans crier gare, brusquement et pour tous. Le spectre d'un conflit nucléaire ne nous a jamais abandonnés.

C'est là toute la différence entre l'après-guerre de 1918 et celui de 1945. Même si, en 1945, sur les places de Paris ou de Rome on ne dansait pas le charleston ou le one-step, à la mode dans les années 1920, mais aux rythmes endiablés du boogie-woogie.

À partir de 1918, de nombreuses structures sociales qui avaient résisté depuis le XIXe siècle se sont effondrées, parfois sous l'effet d'une transition violente, comme en Russie. Et la contagion en Europe, en Allemagne en particulier, a été forte.

En tout cas, un espace de liberté s'est créé dans tous les domaines. En ont bénéficié les artistes, la femme — qui a obtenu dans de nombreux pays le droit de vote —, et toute la société en général.

À l'écart du chaos européen, l'Amérique ou, plutôt, les États-Unis, qui étaient en plein développement industriel dans les années 1920 (Ford fonde ses usines pour la production d'automobiles avec les premières chaînes de montage dès 1903), vont subir de plein fouet la crise de 1929-1930. Les jeunes riches et capricieux tels qu'ils apparaissent dans les romans de Fitzgerald, voyagent entre enrichissements soudains et grandes misères, découvrant Paris et les plages dorées de la Méditerranée. Les membres d'un Klu Klux Klan[5] ragaillardi, aux cérémonies macabres, outre les noirs, s'en prennent désormais aussi à l'immigration catholique européenne qui se concentre dans des banlieues misérables (Polonais, Irlandais, Italiens), envahit les campagnes et produit des gangsters, impitoyables, tels Al Capone dans le massacre de la Saint-Valentin de 1929, ou Mayer Bansky, mais aussi d'immenses icônes du cinéma comme Rudolph Valentino. Une richesse colossale contraste avec une profonde misère, tandis que le nouveau panorama industriel montre avec orgueil et ostentation les « chaînes de montage » décrites par Charlie Chaplin dans *Les Temps modernes*. L'industrie automobile triomphe. Mais on observe aussi l'exploitation des travailleurs et la chasse aux anarchistes, avec la condamnation à mort de Nicola Sacco et de Bartolomeo Vanzetti (Charlestown, 23 août 1927), dont nous nous souvenons encore aujourd'hui grâce à la belle chanson de Joan Baez.

Puis arriveront les rudes années consécutives à la crise de 1929, au début des années 1930, et leurs répercussions en Europe, en particulier au Royaume-Uni et en Allemagne. Auparavant, le 16 janvier 1920 à minuit est décrétée la prohibition des boissons alcoolisées. Se multiplient alors par milliers les « speak easy » aux mains de gangsters célèbres comme Dillinger, où l'on consomme de l'alcool et où l'on s'adonne aux jeux de hasard. En même temps, c'est un véritable âge d'or pour le jazz. Armstrong et Duke Ellington se produisent à La Nouvelle-Orléans et à Chicago. Il nous reste des mélodies inoubliables comme *Dinah* ou *The*

---

[5] Dans les années 1920 et 1930, les lynchages de noirs se poursuivent, et la grande chanteuse de blues, Billy Holliday, en 1939, dans un blues qui restera célèbre, *Strange Fruit*, décrit les actions du Klan dans ses chansons : « Sauthern trees bear strange fruit/blood on the leafe and blood on the root/black bodies swinging in the southern breeze/strange fruit hanging from the poplar trees. »

Man I love des frères Gershwin. *Blue Skyes* est aussi l'air que chante All Jonson dans *Le Chanteur de jazz*, le premier film parlant de 1927 ; mais encore *Basin street blues*, avec Armstrong à l'apogée de son talent, ou *Star Dust* de Hoagy Carmichael, qui nous a longtemps accompagnés depuis l'après-guerre sur les disques vinyle distribués par les troupes américaines dans l'édition de l'orchestre de Ray Conif, ou la trompette de Harry James. J'ai voulu rappeler ces airs, car ils sont très vivants aujourd'hui encore et nous ramènent au beau milieu des « Roaring Twenties ». Après la crise de 1929-1930, on assiste aux migrations de masse vers la Californie, comme nous le racontent Steinbeck et la *Ballade* de Bonnie & Clyde, laquelle se termine par leur meurtre, le 23 mai 1934, de la main de Franck Hammer, le Texas Ranger qui les avait traqués cent jours durant. Hammer est interprété, dans un film très récent (*Highwaymen*, 2019) par Kevin Kostner, qui rappelle ainsi cette période : « La légende de Bonnie Parker et de Clyde Barrow naît en pleine crise de 1929. Je le sais bien, car ma famille aussi a été victime de la grande dépression. En 1933, mon grand-père a porté à la banque, à onze heures du matin, douze mille dollars, et l'employé ne l'a pas averti qu'à midi la banque allait fermer pour cause de faillite. Ils ont tout perdu, y compris leur maison. Mes grands-parents ont quitté l'Oklahoma et sont allés en Californie ; mon grand-père ne s'en est pas remis… Il a commencé à boire… »[6]. Sur les bords de la route 66 et dans les stations-service campaient des miséreux comme le Vag de John Dos Passos, attendant d'être pris en stop pour se rendre en Californie. Le 12 mai 1932 est retrouvé le corps de « Baby Lindberg », une affaire qui passionne l'opinion publique mondiale. C'était le fils d'un mythe dans l'Amérique des années 1920, le fils de Charles Augustus Lindberg, qui

---

[6] Stefania Ulivi, *Corriere della Sera*, 20/03/2019.

avait effectué la traversée de l'Atlantique Nord sans escale, de New York à Paris en 1927. En 1933, l'année même où Hitler devient Chancelier du Reich, est élu Roosevelt, qui va trouver une Amérique en faillite et qui, par le New Deal, va tenter de la sortir de la grande dépression.

L'Amérique n'est pas encore l'Eldorado de la science comme elle va le devenir après la Seconde Guerre mondiale grâce aux énormes investissements dans la recherche déclenchés par le rapport Vanevar Bush et par les recherches entreprises pour réaliser la bombe atomique. La maison de la science reste pour le moment la vieille Europe.

L'Europe est plus extravagante, comme si elle voulait oublier Verdun et Caporetto et les horreurs de la guerre. Elle se précipite dans les casinos et les hôtels de la Côte d'Azur, par le train de Paris à Nice. Les nobles russes en exil s'installent en permanence dans les suites des hôtels de la « Côte », vendant de fabuleux bijoux ou des souvenirs précieux comme les œufs de Fabergé. La France a gagné la guerre et la vie à Paris est certainement plus étincelante qu'à Berlin, mais la créativité et l'envie de vivre qui envahit l'Europe est la même partout. Paris s'enthousiasme pour le corps sculptural de Josephine Baker qui s'exhibe dans la « danse sauvage », couverte seulement par le parfum de Chanel et par un pagne constitué de peaux de banane factices, tandis qu'à la Coupole, boulevard du Montparnasse, on rencontre Hemingway et Fitzgerald, et qu'au Petit Saint-Benoît déjeune tous les jours la deux fois Nobel Marie Sklodowska Curie, qui a découvert les effets des radiations et qui, durant la Première Guerre mondiale, a pratiqué les premières radiographies sur les blessés. Les poètes et les écrivains se montrent prolifiques, comme André Breton, l'un des artistes les plus emblématiques de ces années-là. Il connaissait Freud et ses théories sur l'inconscient et raconte que, dès le début, lorsqu'il s'occupait des malades mentaux choqués par la guerre, il suivait les théories et les publications du grand psychanalyste. Faisant honneur à la liberté, étroitement associée au mouvement surréaliste, il faut donner acte à Breton d'avoir rompu dès 1935, en compagnie de Paul Éluard, avec le stalinisme, qui fascinait alors de nombreux intellectuels européens, comprenant avant eux les horreurs d'un tel régime. Paris, dans les années 1920, a été assurément la capitale des arts, avec, parmi tant d'autres, Masson, Cocteau, Matisse, Dalì, Mondrian, Duchamp. Mais, à l'Exposition universelle de 1937, Picasso présente *Guernica* et au pavillon allemand, on aperçoit déjà la croix gammée. Les années 1920 sont désormais loin.

La vitesse et le temps sont les deux impératifs de ces années-là. Vitesse, temps et cadences pour les productions industrielles vouées à la consommation de masse. Vitesse aussi dans les communications, comme nous le montrent les Futuristes de Marinetti. Et puis, le temps, cet inconnu, le temps intérieur et le temps chronologique, newtonien et déterministe. Les grands penseurs y réfléchissent, comme Heidegger ou Bergson, un mathématicien et un philosophe très au fait des dernières théories de la physique des particules, de confession juive, mais très proche du christianisme, qui divise le monde, d'un côté comme matière brute ayant un comportement prédéterminé, et de l'autre comme vie, dont le comportement est dans la créativité naturellement aléatoire. Déterminisme et hasard peuvent cohabiter. Voici ce qu'écrit Bergson dans *L'Énergie spirituelle* (1919) : « Le monde, laissé à lui-même, obéit à des lois fatales. Dans des conditions déterminées, la matière se comporte de façon déterminée, rien de ce qu'elle fait n'est imprévisible : si notre science était complète et notre puissance de calculer infinie, nous saurions par avance tout ce qui se passera dans l'univers matériel inorganisé, dans sa masse et dans ses éléments, comme nous prévoyons une éclipse de soleil ou de lune. Bref, la matière est inertie, géométrie, nécessité. Mais avec la vie apparaît le mouvement imprévisible et libre. L'être vivant choisit ou tend à choisir. Son rôle est de créer. »

L'Angleterre connaît une grave crise économique, mais elle envoie dans toute l'Europe, et en particulier à Berlin, les « Tillers Girls » qui semblent reproduire, avec la mesure marquée par leurs longues jambes, le rythme des chaînes de montage.

Lors du « Zwei Kravatten », un des nombreux spectacles de cabaret de Berlin, on peut écouter Marlene Dietrich à la voix sensuelle et aux jambes les plus célèbres de l'époque, comme elle les exhibe dans *L'Ange bleu*, le film de Josef von Stemberg (1930), tiré du roman éponyme de Heinrich Mann. Berlin est, avec Paris, l'autre capitale des Années folles, grouillant d'artistes mais aussi de grands scientifiques comme Albert Einstein. Toutefois, l'atmosphère n'est pas celle, joyeuse et insouciante, du Moulin Rouge de Paris. Elle y est sans doute plus désacralisée et, dans le même temps, plus pesante et plus critique envers le passé impérial où la guerre a été perdue. On y voit les tableaux de Grosz et d'Otto Dix qui décrivent « Weimar », parmi lesquels le chef-d'œuvre d'Otto Dix, *Prager Strasse*, plein de funestes présages (1920, Galerie d'art de Stuttgart).

La psychanalyse se diffuse, et 1927 voit se rencontrer Einstein et Freud, à Berlin même. Une rencontre entre deux génies, mais qui ne donne rien, comme le montrent les commentaires *a posteriori* qu'ont rédigés, chacun de son côté, ces deux personnages d'exception. La grande industrie soutient la recherche scientifique, comme l'illustrent par exemple la fondation Nobel en Suède, ou le groupe Solvay en Belgique[7]. Les physiciens européens obtiennent de nombreux Nobel, parmi lesquels on citera les Curie, Einstein, De Broglie, Bohr, Heisenberg, Fermi, Chadwick. Dans les instituts de physique, tels le Cavendish Lab de Cambridge, ou ceux de Paris, de Rome, de Berlin et, en particulier, ceux de Copenhague et de Göttingen, croît la nouvelle élite de physiciens qui va se consacrer aux développements de la mécanique quantique.

C'est une Europe qui, durant l'entre-deux-guerres, offre une succession de mouvements artistiques comme le surréalisme, le cubisme, l'expressionnisme et le futurisme, exalte la technique et la vitesse, favorise un renouveau musical avec le dodécaphonisme annoncé par Arnold Schönberg dans un célèbre article (*Komposition mit zwölf Tönen*). Le Vieux Continent n'a ainsi jamais été aussi riche culturellement parlant, et la culture y a encore un sens assez « léonardien », du fait de la fusion de nombreux éléments les plus divers.

En Russie, patrie d'importants mouvements artistiques et littéraires, après l'arrivée de Staline au pouvoir en 1922, la liberté d'expression est progressivement supprimée en faveur de la pensée unique. Chagall doit

---

[7] Nobel et Solvay étaient deux industriels amis qui ont décidé de soutenir le progrès scientifique par deux initiatives d'importance : le prix Nobel et les conférences Solvay. Les usines Solvay, en Belgique, organisaient à Bruxelles des conférences annuelles, sur des thèmes précis, avec la contribution des grands scientifiques du moment. La réunion sur la physique de 1927 a été célébrée plus particulièrement par de nombreuses publications : outre la vedette Einstein et l'illustre savante Marie Sklodowska-Curie, étaient présents pratiquement tous les physiciens engagés dans les recherches de physique quantique. Le titre du colloque était « Électrons et photons ». La cinquième réunion Solvay, en 1927, a vu la participation, entre autres, d'Eherenfert, Schrödinger, Pauli, Heisenberg, Dirac, De Broglie, Born, Bohr, Planck, Lorenz et Langevin. La septième conférence, elle aussi fort importante par son sujet : « Structures et propriété du noyau atomique », s'est tenue en 1933 à Paris, sous la présidence de Paul Langevin.

quitter l'URSS pour ne pas avoir su expliquer pourquoi une chèvre pouvait voler[8], et le même sort est réservé à Kandinsky et à Soutine. Malevitch renonce au « noir sur noir » pour des peintures figuratives afin d'obtenir la permission de voyager en Europe. L'âme du renouveau poétique russe, Maïakovski, se suicide en 1930 et, quelques années plus tard, en 1941, en pleine guerre, la poétesse Marina Tsvetaeva sera retrouvée pendue, tandis que le goulag mettra fin, à Vtoraïa Retchka, à la vie d'un poète qui déplaisait au régime, Ossip Mandelstam, en 1938. Anna Akhmatova, pourtant mal vue par les autorités et dont le mari a été fusillé en 1921, va survivre jusqu'en 1966, tandis qu'Alexandre Blok, considéré aujourd'hui comme l'un des plus grands poètes russes, se voit marginalisé par le pouvoir soviétique et meurt de privations en 1921. Les poètes sont probablement, avec d'autres artistes, du fait de leur sensibilité, le papier de tournesol qui indique le manque de liberté et le caractère dictatorial d'un régime, et ce sont eux qui, comme nous l'avons vu dans la Russie stalinienne, paient le prix le plus fort du fait de leur privation de liberté. Beaucoup quittent la Russie. Nous ne pouvons pas évoquer ici la grande poésie russe bien tourmentée de cette époque sans rappeler par ailleurs les honneurs staliniens accordés à un imposteur pseudo-scientifique, Trofim Denissovitch Lyssenko, qui contribuera, par de fausses théories génétiques en agriculture, à conduire le pays à la famine. Voilà ce que vivent au quotidien les sociétés privées de liberté. Il nous en reste cependant des chefs-d'œuvre de l'histoire du cinéma, comme *La mère* (1926) ou *Le Cuirassier Potemkine* (1925) de deux grands réalisateurs, Poudovkin et Eisenstein.

---

[8] Staline disait, à propos de Chagall : « Comment serait-il possible qu'une chèvre vole ! »

C'est là un rapide survol, assurément bien incomplet, de ce qui s'est passé dans le monde occidental entre les deux guerres. Tel est en tout cas le film qu'un Berlinois attentif voyait défiler dans la société occidentale. On y note une furieuse envie de vivre, surtout dans les années 1920, pleinement représentée par l'histoire de la République de Weimar. Mais, sous les lumières brillantes des cabarets et de l'intense créativité en art et en science, rôdait un monstre, le « Léviathan », porteur de plusieurs fascismes et d'un terrible conflit : la Seconde Guerre mondiale.

En 1933, Hitler accède au pouvoir. Nombre de physiciens de confession juive vont devoir émigrer pour échapper aux persécutions nazies (quatre d'entre eux vont cependant mourir dans les camps de concentration). Oppenheimer, un physicien américain que nous trouvons souvent à Göttingen avec ses collègues européens, va devenir le coordinateur scientifique du projet Manhattan, le projet qui va mener avec le succès que l'on sait à la fabrication de la bombe atomique américaine, à laquelle ont collaboré activement de nombreux physiciens européens.

La courte existence de la République de Weimar s'achève, c'est la fin des années 1920, de l'âge d'or de la   physique européenne, qui avait commencé en 1921 avec le prix Nobel décerné à Albert Einstein. Cette extraordinaire communauté internationale de physiciens va se scinder en deux, — entre ceux qui, comme Heisenberg, vont travailler, heureusement sans succès, à la bombe de Hitler, et ceux qui vont réaliser, pour les pays démocratiques, la bombe américaine. Peu d'entre eux, comme Dirac ou Schrödinger, vont se tenir à l'écart de cette compétition, en songeant à l'énergie dévastatrice d'une explosion nucléaire. Voilà de nouveau le drame faustien du savant : vendre son âme au diable pour la connaissance, même si celle-ci nous vaut le bien et le mal à la fois ? En tout cas, rien ne sera plus comme avant. Les fameuses « Roaring Twenties » s'achèvent avec la fin de la République, avec l'incendie du Reichstag le 5 mars 1933, avec l'internement des députés communistes dans un camp de concentration. Puis s'ouvrent, dans les années 1930, les portes de l'Enfer : goulags, Auschwitz, Guernica et les bombardements des populations civiles, assassinats politiques… Et, pour finir, la « bombe » : des villes pulvérisées en un instant avec tous leurs habitants. La société occidentale va atteindre un inimaginable degré d'abjection et de barbarie. Notre histoire s'achève avec Hiroshima, mais ce n'est pas pour autant la « fin de l'histoire ». Les deux personnages du beau film *Hiroshima mon amour* se demandent s'il faut oublier tout cela pour vivre leur histoire d'amour. Oublier pour vivre ? Pour vivre les années 2020 ? Mais on peut se demander aussi à quoi ont servi des centaines d'années de progrès culturel, social, scientifique et politique, à quoi ont servi Platon, Léonard de Vinci, Shakespeare, Copernic, Galilée, Newton, Descartes, Mozart, Goethe et bien d'autres. Ou encore, à quoi ont servi les grandioses cathédrales et les merveilles de la Renaissance, la Révolution française et les droits de l'Homme si, à la fin, se manifestent les signes inéluctables de l'Apocalypse ou ceux, que nous indique Spengler, de « fin de partie », du déclin de toute une civilisation.

Mais voici une ultime réflexion. J'aime répéter que la science et la société ne sont pas deux variables indépendantes. La société influence la culture scientifique et inversement. Et la vivacité culturelle de Weimar nous le confirme, malgré sa brève durée de vie, où la créativité artistique et culturelle est allée de pair avec la créativité scientifique.

CHAPITRE 2
WEIMAR-BERLIN

Weimar est une charmante cité médiévale de Thuringe, que traverse la rivière Ilm. Goethe y a vécu ses dernières années, attelé à son *Faust*. D'autres personnalités encore avaient prisé l'atmosphère qu'on y respirait, comme Wagner, Schiller ou Nietzsche. Walter Gropius y a ouvert, en 1919, l'Université du mouvement du Bauhaus. « Weimar », c'est aussi une histoire qui a marqué le destin de l'Europe même au delà de la fin de la Seconde Guerre mondiale.

En 1918 s'achève la « Grande Guerre ». Les armes se taisent, le 11 novembre l'Allemagne réclame l'armistice et le Kaiser, devant les révoltes populaires qui éclatent dans tout le pays, doit renoncer au trône. Dès 1917, les combats avaient cessé sur le front russe. Le Tsar Nicolas II avait abdiqué le 15 mars 1917 et Lénine s'était emparé du pouvoir en Russie.

Or, la petite ville de Weimar entre dans la grande histoire plutôt par hasard.

Le 19 janvier 1919 ont lieu, en Allemagne, les élections législatives, et l'Assemblée Nationale se réunit pour la première fois à Weimar le 6 février (d'où le nom de République de Weimar). Ce même mois de janvier, à Berlin, éclate une révolte populaire avec pour but d'instaurer une république communiste. Cette tentative est violemment brisée par les groupes paramilitaires de droite, les fameux « Freikorps » et s'achève le 15 janvier avec l'assassinat de Rosa Luxemburg et de Karl Liebknecht, qui appartenaient aux mouvements d'extrême-gauche, les « spartakistes ». L'Assemblée constituante, qui devait se tenir à Berlin, est déplacée à

Weimar pour des raisons de sécurité, sous la protection de l'armée. Elle approuve, le 10 février, la constitution pour une République dotée de pouvoirs présidentiels forts, et très centralisée, qui limite le pouvoir des Lander par rapport au parlement national. Le président de la République dispose de larges pouvoirs, légitimés par son élection au suffrage universel. Le gouvernement doit ainsi se soumettre à une double confiance : celle du Parlement et celle du président, ce qui rend plutôt difficile, pour un gouvernement et pour un chancelier, la tâche de gouverner dans ces conditions. De fait, ce sont les différents présidents successifs qui ont gouverné effectivement le pays, y compris Hindenburg, celui qui a nommé Hitler chancelier du Reich le 30 janvier 1933, en pensant pouvoir ainsi le contrôler. Sauf que l'histoire a pris un tout autre chemin, celui du troisième Reich, avec la dictature nazie.

En compensation, parmi les différents articles de la constitution, l'un prévoit d'accorder le droit de vote aux femmes. À ce sujet, il convient de rappeler que la guerre a tué près de 20 % des treize millions de soldats impliqués, laissant dans le pays 600 000 veuves et plus d'un million d'orphelins.

La femme qui, en Allemagne, avait contribué à l'effort de guerre, va réussir à obtenir un degré d'émancipation bien supérieur aux femmes des autres pays européens. Cependant, les Anglaises et les Polonaises ont bénéficié les premières du droit de vote, dès 1918.

Durant les débats de l'Assemblée constituante, le climat politique était resté très agité. À Munich, un soulèvement populaire avait débouché sur une république soviétique. Mais, à Versailles, tandis que se constituait la République de Weimar, les puissances victorieuses, en l'absence de représentants du gouvernement allemand, ont signé le traité de Versailles qui imposait de lourdes sanctions à l'Allemagne. C'est cela qui est devenu le cheval de bataille de la droite et des national-socialistes contre Weimar.

Friedrich Ebert, le premier président, signe la nouvelle constitution le 11 août 1919. En 1921, est assassiné par les opposants de la jeune République, Matthias Erzberger, le politicien catholique, lui aussi signataire de l'acte de constitution de la République. Le 22 juin 1922, le chimiste et industriel Rathenau, ministre des Affaires étrangères, est abattu par des paramilitaires de droite. Les auteurs de l'assassinat ont été bienveillamment condamnés. L'assassinat de Rathenau avaient deux motivations. La première visait à le punir pour le traité de San Remo, qui établissait des accords avec la Russie soviétique. La seconde avait pour origine l'antisémitisme.

Le traité de Versailles était particulièrement accablant. D'abord, la restitution de l'Alsace-Lorraine à la France, avec les importants gisements carbonifères de la Saar, qui passaient sous contrôle français. Ensuite, les sommes colossales dues au titre de réparations de guerre : l'Allemagne se voyait ainsi très lourdement pénalisée. Enfin, les colonies étaient naturellement partagées entre les pays vainqueurs.

Weimar va bénéficier d'une relative période de stabilité à partir de 1923, avec l'élection de Gustav Stresemann au poste de chancelier. Stresemann améliore les relations avec la France en signant en 1925 les accords de Locarno, et obtient dès 1924 des prêts importants de la part des États-Unis (l'Amérique était loin encore du crack de 1929), suivant un plan détaillé du financier Charles Dawe. Les Américains en feront de même avec le plan Marshall au lendemain de la guerre en 1945.

Ce plan permet de juguler l'inflation et d'apporter de nouvelles marges de garanties, grâce aux prêts (le taux de change, au début de 1923, avait atteint le niveau d'un dollar pour 4200 milliards de marks-papier), provoquant aussi un afflux complémentaire de capitaux privés américains à Berlin et dans le reste de l'Allemagne. Le but est d'améliorer les conditions de vie des Allemands, afin d'éviter au pays de tomber dans l'orbite de l'Union soviétique, mais aussi, grâce à l'assainissement de l'économie nationale, de permettre à l'Allemagne de solder ses dettes de guerre. La crise de 1929-1930, en stoppant l'aide américaine, replonge le pays dans une grave dépression économique, qui sera l'un des principaux éléments exploités par les nazis.

Berlin est l'image de Weimar et en représente l'esprit et l'histoire. Et c'est aussi par Berlin que va passer une part importante de l'histoire de l'Europe.

Il existe une abondante littérature sur la République de Weimar (1919-1933) et, aujourd'hui encore, on s'interroge sur les causes de sa fin peu glorieuse, qui a marqué en profondeur le destin de l'Europe.

L'Allemagne de Weimar foisonnait de grands écrivains, de peintres devenus célèbres, de scientifiques de premier plan, parmi lesquels de nombreux physiciens qu'on va retrouver aux États-Unis durant la Seconde Guerre mondiale. Mais on y notait aussi la présence de phalanges armées de droite et de groupes armés révolutionnaires qui s'inspiraient des « soviets » de la Russie voisine, un puissant parti social-démocrate et d'importantes formations de centre-droit, conservatrices et représentantes des grandes propriétés terriennes, ainsi qu'un solide parti catholique, des industriels innovateurs et des forces syndicales en voie d'expansion. Le Berlin de l'Après-Guerre est sans doute la plus vaste capitale européenne, creuset de mouvements artistiques, d'extrémismes divers et de nouvelles idées sociales et politiques, de lettrés illustres qui ne se privaient pas d'écrire des textes malicieux et ironiques pour les cabarets, d'une foule déguenillée et bariolée composée en partie de rescapés de la guerre, de prostituées, de voyous, de généraux et de riches spéculateurs, comme la décrivent l'*Opéra de quat'sous* de Brecht et les toiles de Grostz. Les cabarets et les bars de nuits plus ou moins clandestins se multiplient ; on ouvre de nouvelles salles de cinéma à l'américaine, où se précipite un public friand de films américains et de ceux produits par les studios UFA, où le cinéma expressionniste allemand décrit avec maestria le profond malaise de la société de l'après-guerre[9]. On y voit des actrices qui vont acquérir une renommée mondiale, telle Marlene Dietrich. *L'Ange bleu* (1930), un film qu'elle interprète, tiré d'un roman de Heinrich Mann, et par la suite le *Faust* de son frère Thomas, racontent sans concession, même si c'est à quelques années de distance l'un de l'autre avec les histoires du Professor Unrat et du musicien Leverkund, le déclin de la bourgeoisie allemande. Après le succès de *L'Ange bleu*, en échappant aux avances de Goebbels qui la voulait pour les films de propagande nazie, Marlene Dietrich part pour Hollywood, la fabrique des rêves, où Paramount lui offre un contrat faramineux, ainsi qu'à son réalisateur préféré, Josef von Stemberg, qui fuit de même les persécutions raciales, avec l'autre grand réalisateur allemand, Fritz Lang. Un film de 1925, *La Rue sans joie* (*Die Freudlose Gasse*), de Wilhelm Pabst, décrit bien la vie dans les grandes villes, avec une foule misérable qui fait la queue de nuit pour un morceau de viande, et, par contraste, la prostitution, une rare solution pour survivre, et les festins des riches privilégiés. C'est l'une des toutes premières apparitions à l'écran de Greta Garbo qui, comme Marlene Dietrich, partira

---

[9] Cf. Siegfried Kracauer, *De Caligari à Hitler, une histoire psychologique du cinéma allemand*, 1947.

pour l'Amérique avec un contrat de Metro Goldwin Mayer. Liberté et créativité de la République de Weimar dans les années 1920. Nombreux seront les intellectuels qui, au début des années 1930, vont quitter l'Allemagne, où l'intolérance envers les dissidents et la communauté juive devient de plus en plus violente, jusqu'à la « Nuit de cristal » (9-10 novembre 1938), qui sera un véritable pogrom contre les Juifs. Brecht va quitter Berlin en grande hâte au lendemain de l'incendie du Reichstag, le 28 février 1933, pour échapper à la chasse aux communistes, et se réfugie à Prague. Il était considéré comme un dangereux élément subversif, au point que, au début de 1933, la police, lors d'une irruption sans ménagement, avait interrompu la représentation d'un de ses opéras, *La Décision*, dénonçant imprésario et auteur. La perte d'artistes et de scientifiques reviendra comme un véritable boomerang sur le régime nazi. Même Marlene Dietrich, une anti-nazie (on l'imagine caressant le projet d'assassiner Hitler), va apporter sa contribution à la lutte contre le nazisme en chantant sur les radios américaines à destination des troupes allemandes qui sentaient la défaite imminente en 1944, les douces strophes de *Lili Marlen*. Elles évoquent, avec cette histoire de rencontre sous un réverbère, la nostalgie de sa maison lointaine.

De nombreuses descriptions du Berlin de l'époque en ont fait un paradis de créativité, à tel point qu'Ernst Bloch nomme cette période le « Siècle de Périclès » allemand, qui favorise grandement la littérature, la science, les arts, la politique, l'émancipation de la femme, mais encore l'esprit licencieux et la liberté sexuelle.

L'atmosphère qui régnait dans la République de Weimar est décrite par les écrivains de l'époque, comme Eric D. Weitz […] : « L'expérience des années de guerre, cependant, malgré les erreurs au front et les difficultés de la vie quotidienne à l'arrière, a joué un rôle libérateur pour de nombreux hommes et femmes. La furie de la Guerre a détruit maintes conventions sociales et artistiques. La société weimarienne, avec ses enthousiasmes enivrants, son envie d'expérimenter dans le champ artistique, son ostentation de la sexualité et des relations non conventionnelles, son effervescence, a été la conséquence directe des grandes destructions de la Première Guerre mondiale, le résultat surprenant de sa puissance dévastatrice. Le désir intense de cueillir la vie dans toutes ses multiples dimensions, d'expérimenter à fond l'amour, le sexe, la beauté, le pouvoir, la vitesse des automobiles et des avions, les folies du théâtre et de la danse, a été déterminé par la perception aiguë du caractère éphémère de la vie, de jeunes vies brisées ou ruinées à jamais par la blessure d'un projectile ou par les gaz mortels utilisés sur les champs de bataille. »[10] La *Loulou* de Pabst nous donne une saisissante image de la femme de Weimar : belle, effrontée et impertinente, maîtresse de la boîte de Pandore. Avec *Siddhartha*, de Hermann Hesse, on assiste à la quête d'un monde exotique et meilleur. Mais la majeure partie de la population se retrouve ballotée entre d'innombrables évènements, souvent regardés depuis la fenêtre, subis ou vécus, inconsciemment ou par nécessité, comme c'est le cas pour le couple formé par Johannes Pinnemberg et Emma Lammchen, dont la vie quotidienne connaît des hauts et des bas, telle que la décrit le roman de Hans Fallada, un contemporain, dans *Quoi de neuf, petit homme ?*[11] Pour de nombreux Berlinois, ce n'était vraiment pas un temps de veaux gras, et Fallada nous dresse le portrait d'une famille berlinoise : « Cependant, il y a aussi les huit marks des nouveaux achats,

---

[10] Eric D. Weitz, *Weimar Germany : Promise and Tragedy*, 2007.
[11] *Kleiner Mann, was nun ?* (1932) ; trad. fr. *Quoi de neuf, petit homme ?*, éd. Gallimard, coll. « Folio », 2009

même s'il faudrait y inclure également les chaussures ; j'y ai pensé, dit Johannes, au maximum tous les deux ans, une robe pour toi et tous les trois ans un imperméable d'hiver pour l'un de nous... » Tel était le bilan d'une famille berlinoise en 1932. Au lendemain de la guerre, on en était arrivé, en Allemagne, à près de vingt millions de chômeurs, et beaucoup affluaient à Berlin à la recherche d'un emploi ou d'une tâche à effectuer, et c'est ainsi que certains se retrouvaient dans les groupes du parti national-socialiste. « Lauterbach, raconte Fallada, avait rallié les nazis par dépit... Il se débrouillait mal avec les filles et, étant donné que le cinéma ne commence qu'à huit heures du soir et que la messe se termine dès dix heures et demie du matin, il restait un grand intervalle de temps à tuer... Chez les nazis, on ne s'ennuyait pas... Il est entré très tôt dans les sections d'assaut... Le désir de vivre de Luterbach était exaucé, puisqu'il pouvait se battre à coups de poing même le dimanche. »

Franz Biberkopf, le personnage d'Alfred Döblin dans *Berlin Alexanderplatz*[12], comme le Pinnemberg de Fallada, en dépit de leur caractère très différent, dessinent le cadre du Berlin et de l'Allemagne de Weimar. Des personnages résignés face à un destin auquel ils semblent se conformer presque en étrangers. Döblin avait lu l'*Ulysse* de Joyce (1920), et ce sentiment de doute, de désarroi et d'un destin inéluctable est commun aussi à Leopold Bloom, le personnage d'*Ulysse*, lui aussi perdu dans une

---

[12] Alfred Döblin (1978-1957), *Berlin Alexanderplatz* (1929), trad. fr. Folio Gallimard, 2010. N'oublions pas, cependant, les auteurs de langue allemande à Prague, comme Kafka, qui, dans *Le Procès*, en 1917, ainsi que dans d'autres œuvres, comme *La métamorphose*, décrit le désarroi et le profond mal-être existentiel de ces années-là, tout comme le racontent les écrivains berlinois, soulignant le rôle fondamental du hasard et de l'imprévu (comme en physique ?). Rappelons-nous également le *Golem* de Gustav Meyrink, toujours dans le groupe fourni des écrivains allemands de Prague.

société en déclin, comme celle de l'Europe, qu'il a bien du mal à comprendre, et qui le laisse à l'écart. Telle était la vie de la grande masse des Berlinois. Mais, dans le même contexte, émergeaient des personnalités du monde culturel et scientifique de premier plan, qui ont permis de comparer, on l'a vu, la culture de Weimar au « siècle de Périclès ».

Berlin était une ville cosmopolite habitée par de nombreuses familles aisées, mais aussi par une foule misérable qui occupait les quartiers pauvres où se concentraient les chômeurs, les Juifs[13] rescapés des pogroms de l'Est et immigrés en Allemagne, comme le raconte Joseph Roth dans le tableau qu'il dépeint de Berlin en 1922[14]. Mais il faut évoquer aussi la vie dorée avec les cabarets illuminés, toujours bondés, les lacs autour de la Capitale, qui accueillaient des colonies de nudistes aux corps athlétiques, de salutistes et de sportifs sur des voiliers. La voile était d'ailleurs une des passions d'Einstein. Une manière de s'isoler pour réfléchir.

La vie politique est dominée longtemps par les deux grands partis : le SPD, le parti socialiste, et le parti chrétien-social, le Zentrum. Il existait aussi un parti communiste et un mouvement populiste, le parti national-socialiste (le NASDAP), qui va croître en tirant profit d'un mécontentement populaire diffus, du chômage élevé et des résurgences nationalistes et impérialistes[15].

---

[13] Les Juifs à Berlin étaient 44 000 en 1910, mais, suite aux persécutions subies dans les pays de l'Est, leur nombre s'élevait à 173 000 en 1925.

[14] Joseph Roth (1894-1939) est à Berlin de 1920 à 1924, comme collaborateur de plusieurs journaux. Dans ses articles, il décrit le Berlin des années 1920, depuis les quartiers misérables comme le « Scheunenviertel » jusqu'à la vie brillante des cabarets. Trad. fr., *À Berlin*, Les Belles Lettres, 2013.

[15] Les élections de 1930 avaient donné les résultats suivants : NASDAP 18 %, SPD 24,5 %, Zentrum 11,8 %. Celles de 1933 : NASDAP 43 %, SPD 18,3 %, Zentrum 11,2 %.

Cent ans plus tard, en 2020, dans de nombreux pays européens, frappés de crises économiques récurrentes, nous assistons à la résurgence de mouvements de nature nationaliste et populiste anti-européens. Dès lors, nous sommes évidemment tentés de comparer la situation politique de Weimar avec celle que vit l'Europe d'aujourd'hui.

La République de Weimar, nous nous en souvenons surtout pour ses mouvements artistiques et son chaos politique, mais bien peu pour avoir été le berceau de la nouvelle physique, avec Planck, Heisenberg, Bohr, Hahn et les nombreux physiciens et chimistes de la prestigieuse école allemande que rejoint, à partir de 1914, un Einstein au sommet de la gloire grâce à sa théorie de la relativité. Or, cela, nous le devons à la République de Weimar.

Berlin, dont nous avons voulu brosser le tableau à grands traits, est la capitale européenne la plus dynamique, le bouillon de culture de la future Europe, une ville tourmentée par une politique instable, avec des soubresauts souvent violents, mais animée d'une grande créativité dans tous les domaines, de l'industrie à la recherche scientifique, de l'art sous toutes ses formes d'expression au cinéma et au théâtre, de la littérature à la pensée philosophique et politique.

On y trouve de grands écrivains, tels Musil, Remarque Hesse, Thomas Mann et son frère Heinrich qui écrivait aussi des pièces pour les cabarets, ou encore Brecht ; des musiciens comme Kurt Weil, Paul Hindemith ou Richard Strauss ; d'importants spécialistes d'histoire du capitalisme, comme Max Weber. Sociologue et historien, il avait participé à la rédaction de la constituante de Weimar, et est l'auteur d'une œuvre fondamentale pour l'étude du monde occidental et du capitalisme : *L'éthique protestante et l'esprit du capitalisme*. Mort prématurément en

1920, au seuil d'une période pour l'Allemagne riche de changements et de grande créativité, il aurait pu lui apporter une immense contribution intellectuelle. Tout aussi importants ont été les travaux sur la société de Werner Sombart, avec son ouvrage *Le bourgeois*, qui nous a valu une lucide analyse sociologique du capitalisme et de son, de notre histoire. N'oublions pas l'école de philosophie et de sociologie de Francfort, avec des personnalités telles que Max Horkheimer, Theodor Adorno, Herbert Marcuse, mais aussi, naturellement, des philosophes comme Martin Heidegger, Walter Benjamin. Les figures de l'école de Francfort étaient impliquées, dans le sillage de Marx, dans une critique des dérives d'un marxisme idéologique, et elles vont jouer par la suite un rôle déterminant dans les « révoltes » des jeunes et dans les réflexions de mai 1968 en Occident.

On y trouve des industries aux dimensions gigantesques, comme Krupp, AEG, Siemens, qui atteignent un niveau international, et les jeunes héritiers, dans les années 1930, vont embrasser avec enthousiasme le credo nazi pour produire des canons et s'assurer les lucratives commandes militaires portées à leur maximum à la fin des années 1930 jusqu'au milieu des années 1940, et souvent, ne l'oublions pas, avec une main d'œuvre à coût zéro : les esclaves des camps d'extermination. Le troisième Reich de Hitler se réarmait et se préparait ainsi à la « guerre éclair ».

Mais tous les Allemands n'accueillaient pas avec plaisir les bruits d'une guerre de rédemption nationaliste qu'agitait Hitler. Les mutilés étaient légion, et tout autant les histoires tragiques. Parmi elles, celle de Kurt Gerron, un acteur et un réalisateur très ami avec Marlene Dietrich. Il avait joué avec elle dans *L'Ange bleu*. Il avait été gravement mutilé sur le front français. Acteur de religion juive, au lieu d'émigrer aux États-Unis où

Marlene Dietrich l'avait invité à la rejoindre, il était resté en Allemagne et avait été alors déporté à Terezin, puis à Auschwitz où il mourra dans les chambres à gaz. Erich-Maria Remarque, dans son roman *À l'Ouest, rien de nouveau* (1929), devenu un film américain projeté à Berlin en 1930 et aussitôt interdit, décrit l'inhumanité de la guerre de tranchées. Puis, dans *Après* (*Der Weg zurück*, 1931), il évoque la génération perdue et avilie de l'après-guerre. Écrivain antimilitariste considéré par les nazis comme chef de file du groupe des « artistes dégénérés », il a échappé par hasard à l'arrivée au pouvoir de Hitler. Ses livres ont été brûlés publiquement en 1933. Après une courte période en Europe, il s'est installé, comme beaucoup d'autres, en Amérique en 1938.

À partir des années 1930, le rêve de Weimar commence à se disloquer. Un observateur attentif ne pouvait pas ne pas apercevoir les symptômes d'une lente dégénérescence du système démocratique, agité de continuels accrochages entre les partis politiques et émaillé d'assassinats d'adversaires politiques, — autant de faits qui annonçaient, à la fin des années 1920, l'arrivée proche de la dictature nazie. En 1930, le ministre de l'Intérieur de Thuringe, un Land gouverné par le parti national-socialiste, fait effacer les fresques d'Oscar Schiemmer peints sur le siège du Bauhaus à Weimar, et retirer des cimaises du musée local les toiles de Paul Klee et des autres peintres de l'« art dégénéré ». Proprement à Weimar, le berceau même de la République.

La lutte contre l'art dégénéré de la part des nazis avait commencé avec la publication d'un livre de Paul Schultz-Naumburg, *Art et race* (1928), hostile à la sous-culture de l'« humanité non-nordique ». C'est aussi à partir du milieu des années 1920 qu'un groupe de physiciens allemands, qui se déclareront pleinement racistes et nazis, se déchaînent, comme nous le verrons, contre la théorie de la relativité et contre la physique quantique, et revendiquent un rôle de guides pour la « physique aryenne ».

La stupidité de ces régimes, des divers fascismes, noirs ou rouges soient-ils — et les régimes sont constitués de personnes — est incommensurable, égale seulement à leur violence. Il en allait de même avec Staline et l'idéologie appliquée à la biologie et à l'agriculture qui a conduit, comme on sait, la Russie à la famine.

Hitler est nommé chancelier du Reich en 1933. La République de Weimar est morte. Elle nous a cependant laissé en héritage la nouvelle physique, de grands artistes, écrivains et penseurs, ainsi que des créations cinématographiques et théâtrales majeures. L'histoire de « Weimar » se termine avec l'image des jambes d'une fascinante Marlene Dietrich dans *L'ange bleu*. Mais elle nous a laissé aussi le goût amer d'une société en déclin, la société bourgeoise, celle qui nous a valu l'Humanisme et la Renaissance, que nous connaissons aujourd'hui encore, et que nous aimerions sauver.

CHAPITRE 3
L'ATOME. PHYSIQUE ET MÉTAPHYSIQUE

Naturellement, nous n'avons pas la prétention ici de rédiger un chapitre d'histoire des sciences ; mais il nous semble important de prendre en compte certains éléments de l'histoire de l'atome, touchant la physique et la métaphysique, en lien avec notre sujet.

Dans les cultures antiques, l'idée d'un monde constitué de particules infinitésimales, ou d'atomes, était très répandue. Il en allait ainsi dans la culture hindouiste et aux origines du Bouddhisme, mais aussi et surtout au début de notre propre civilisation européenne. Pour les philosophes grecs comme Leucippe et Démocrite, en effet, le monde était composé d'atomes qui flottaient, pour la plupart, de façon casuelle, et de toute éternité, dans le vide infini. Il n'y avait ni commencement ni fin, et l'atome était une particule indivisible.

L'atomisme a survécu aux périodes sombres du Moyen âge et au créationnisme des trois religions monothéistes, et est réapparu avec force dans la pensée des philosophes de la nature, à la faveur de la Renaissance.

Pour les religions monothéistes, constamment en lutte entre elles à partir du VIIIe siècle, avec la diffusion de la, ou plutôt des fois musulmanes, l'atomisme était à condamner comme pensée blasphématoire. Et ceci durant tout le Moyen Âge et même au début de la Renaissance. Sauf qu'on note l'influence des atomistes sur certains penseurs chrétiens comme Saint Augustin, pénétrant connaisseur de Démocrite, mais également sur des penseurs musulmans comme dans le cas d'Averroès, qui avait rencontré l'atomisme par le biais d'Aristote, dont il était un spécialiste attentif et perspicace.

Ces théories persistantes autour de l'atome et de son indivisibilité ont continué à se développer jusqu'à la fin du XIXe siècle et au début du XXe siècle.

Et c'est avec la crise qui éclate en Europe dans les années 1920 et 1930 que, accompagnant une déstabilisation en profondeur de la société, adviennent en science, en physique plus particulièrement, des révolutions qui auront un fort impact sur la société, équivalent à celui qu'a provoqué la théorie copernicienne à la fin du Moyen Âge : la découverte et la confirmation de la relativité générale, le développement de la physique quantique et la possibilité de scinder l'atome. Les années 1920 et 1930 bouleversent les perspectives de notre société, avec les turbulences créatives que nous avons décrites dans les domaines artistique, social et politique, et vont s'achever, hélas ! avec l'arrivée des régimes dictatoriaux — fascisme, nazisme, communisme — et, enfin, avec le désastre de la Seconde Guerre mondiale.

C'est alors que naît, comme une espèce d'« Armaguedon » prédestiné, « Little Boy », la bombe atomique.

Et ainsi, toujours soucieux de raconter comment la science a souvent influé sur notre histoire, nous allons parcourir de nouveau le cheminement de l'atome, de l'Antiquité à nos jours, en reconnaissant au passage l'immense dette intellectuelle que nous avons encore aujourd'hui envers la culture grecque antique.

L'origine de la pensée atomiste n'est pas clairement établie. Cette doctrine a certainement voyagé le long de la « route des épices », entre l'Inde et la Grande-Grèce.

Dans certains esprits de l'Antiquité gréco-romaine, comme pour les anciennes religions hindouistes, l'atome nous constituait, nous et toute la nature, avec l'intervention du « hasard » ou, dans le lointain Orient, de quelque divinité. En 470 avant J.-C. (ou en 460 ?), naît Démocrite qui, avec Leucippe, est considéré comme le père de l'atomisme grec. À vrai dire, Leucippe est le père de cette conception, et Démocrite en a été l'élève, un élève, dit-on, peu fidèle, qui se serait approprié les théories de son maître. On sait peu de choses de Leucippe, car ses œuvres ont été perdues ; mais sa pensée a été rapportée par divers auteurs, y compris Aristote et, en particulier, par Épicure, qui a contribué à importer la pensée des atomistes dans la culture romaine, jusqu'au grand Lucrèce du *De rerum natura*. Leucippe avait ouvert son école à Abdère. Des fragments de sa pensée, comme nous l'avons dit, figurent dans les écrits de nombreux philosophes grecs, desquels on apprend que, parmi ses croyances fondamentales, c'est le hasard qui suscite le mouvement tourbillonnaire des particules élémentaires, les atomes, et qu'il est dès lors à l'origine des réalités de ce monde. L'importance du « hasard », nous ne l'avons vraiment comprise que vers la fin du XXe siècle. Et nous y reviendrons par la suite, en parlant de Heisenberg.

Comme pour le cas de Leucippe, la pensée de Démocrite nous est connue indirectement par d'autres philosophes Il soutenait, outre l'infinité du vide, reprise au XVIe siècle par Giordano Bruno avec son concept d'infinité des mondes, que le vide et les atomes sont les deux composantes de base de l'univers. Un vide infini parcouru de particules en un mouvement tourbillonnaire perpétuel. Des particules infinitésimales et invisibles, mais surtout « indivisibles », « atomon », ce qui a donné notre mot d'atome. Les intuitions de Démocrite, inspirées des théories de

Leucippe, sont à la base de la doctrine et de la pensée scientifiques et philosophiques des « atomistes ». Une pensée reprise à la fin du IVe siècle avant J.-C. par Épicure, avec cependant une différence essentielle. Les atomes, pour Épicure, ont un poids, et les objets se forment en fonction du poids des atomes et de leurs combinaisons. C'est alors par la « nécessité » des processus de formation, produits par des mouvements improvisés, que les atomes dévient de leur chute initiale, de leur trajectoire, et s'agrègent entre eux.

Nous, Européens, nous sommes les heureux héritiers des intuitions géniales des philosophes de la nature grecs et romains. Toutefois, nous l'oublions trop souvent. Épicure et Démocrite, comme Lucrèce, avaient, par leurs théories, non seulement compris la base naturelle du « monde », à savoir l'atome, mais ils avaient déjà évoqué certains problèmes déterminants que la science, la physique en particulier, et la pensée moderne ont affrontés seulement récemment : le « hasard » et la « nécessité ».

Les dieux, pour les atomistes, vivaient dans leur monde à part et ne s'intéressaient que peu, sporadiquement, et de loin, aux affaires humaines. Ils ne sont pas, d'ailleurs, à l'origine de l'univers, puisque ce dernier n'a pas d'origine mais qu'il est infini et éternel. Les atomistes grecs étaient étrangers à toute idée de créationnisme comme à celle de « déterminisme». Ils ne pouvaient pas imaginer une vie et un monde déterminés par un dessein immuable qui, pour les monothéistes, sera en revanche le destin impossible à modifier, tracé pour nous et pour le monde par le Dieu « créateur du ciel et de la terre », unique mais différent dans son essence, selon les religions juive, chrétienne et musulmane.

Quoi qu'il en soit, la conception atomiste va influencer la pensée religieuse, comme c'est le cas pour Saint Augustin, un savant et un bon connaisseur de la pensée de Démocrite. Il introduit dans le christianisme le concept de « libre arbitre » en vue de rendre notre existence plus acceptable, et y intègre également, afin de défendre notre liberté individuelle, un peu de « hasard », ou de « grâce », comme l'écrira par la suite Pascal.

Comme dans le cas de Leucippe, il n'est rien resté des ouvrages de Démocrite. Cependant, nous savons beaucoup de leur pensée, grâce aux écrits d'autres philosophes, tels Épicure, Aristote et Lucrèce. De Démocrite, on sait qu'il était contemporain de Socrate et que, probablement né en 460 avant J.-C (ou, selon certaines sources, en 470), il est mort, date plus certaine, en 404, quand s'achève la guerre entre Sparte et Athènes, sur la victoire des Lacédémoniens. Issu d'une famille aisée, il avait eu des précepteurs chaldéens, dont il avait acquis de solides connaissances dans le domaine des sciences et de la géométrie. Il a dépensé sa part d'héritage familial en effectuant de longs voyages entre l'Égypte et la mer Rouge et poussant même jusqu'en Inde (un siècle environ avant lui, passant par Babylone, Pythagore était arrivé en Inde et, à son retour, il avait fondé sa célèbre école à Crotone). Il était réputé excellent mathématicien, se montrait également bon physicien et un profond connaisseur de la géométrie.

Entre la Grèce et l'Inde s'étendait une route très fréquentée, parcourue d'innombrables caravanes. C'était la « route des épices », dont les Grecs faisaient grande consommation, comme le feront à leur suite les Romains.

Toutefois, par cette longue piste caravanière, ne passaient pas seulement des épices, des herbes médicinales et des objets précieux, mais également des idées. Et c'est en partant des probables voyages de Démocrite, précédés de ceux de Pythagore, mais aussi de l'étrange coïncidence du développement en Inde de la philosophie atomiste Vaishéshika et de la pensée de Kanada (son probable fondateur), pratiquement contemporaines de l'atomisme grec, que beaucoup se demandent qui a influencé qui, ou s'il s'agit d'une évolution naturelle et indépendante d'une branche de la pensée hindouiste et de la pensée grecque. Kanada soutenait en effet que toutes les choses sont composées de particules indivisibles (« paramanu », en sanskrit, les atomes). Mais il prétendait aussi, cette fois à la différence des Grecs, que la « déviation » des particules atomiques n'était pas due à un processus naturel inhérent aux particules mêmes, mais à l'intervention du dieu Ishvara, même si les atomes demeuraient des entités éternelles et indivisibles. Dans le bouddhisme également, qui se développait à la même époque dans le sous-continent indien, on trouvait des éléments de théories atomistes. Pour en revenir à Démocrite, nombre de ses contemporains, puis les historiens romains de Lucien à Horace et à Juvénal, ainsi que plusieurs représentations picturales, de Rubens à Luca Giordano ou à Vélasquez, parlent du « rire de Démocrite », qui prend un sens philosophique existentiel. Certains historiens le mettent en parallèle avec les pleurs d'Héraclite. Dans un monde constitué d'atomes et de vide, et dans lequel les phénomènes sont le fruit d'atomes qui se rencontrent au hasard, le philosophe doit savoir regarder avec sérénité ce qui se produit, souvent de façon imprévisible, et le sage doit savoir sourire et montrer le détachement nécessaire à l'égard des passions qui, par leur tumulte, entraînent le malheur. La vision atomiste de l'être a conduit alors à la conception et à la formation d'une philosophie matérialiste, pour laquelle même l'« esprit » ou l'« âme » sont constitués d'atomes, et selon laquelle il ne faut craindre aucune influence des dieux, relégués dans un limbe au-dessus du ciel.

Épicure, que nous pouvons considérer comme le dernier grand atomiste grec, naît à Samos vers 340 avant J.-C. et émerge d'une période où régnait le platonisme, et où l'atomisme était pratiquement oublié. Il va fonder son école à Athènes en 304 avant J.-C. (les dates sont toujours incertaines), sous la forme d'une communauté de disciples, composée d'hommes et de femmes. Il a une approche matérialiste et expérimentale dans l'observation des phénomènes naturels et soutient les théories atomistes de Démocrite.

Pour Épicure, les atomes suivent des trajectoires du haut vers le bas dans le vide cosmique infini, mais, en raison de leur nature même, ils ont depuis toujours la propriété d'effectuer de brefs écarts par rapport à leur trajectoire, et se heurtent alors à d'autres atomes, avec lesquels ils peuvent s'agréger, ce qui engendre finalement le monde et les choses du monde, non au hasard, comme le pensait Démocrite, mais par une « nécessité » inhérente aux atomes mêmes.

Répondant à diverses critiques hostiles au concept d'indivisibilité de l'atome, formulées par différents philosophes, tels Platon et Socrate, et à l'idée d'atome comme « composante spirituelle » plutôt que divine, Épicure réaffirme avec force les idées de Leucippe et de Démocrite sur cette particule indivisible qui constitue la base physique du monde, mais aussi sa partie « spirituelle », faite de matérialité.

L'atome entre par la suite dans la culture romaine grâce à un admirable poème rédigé par Lucrèce, en soutiens aux théories d'Épicure.

Lucrèce est le dernier grand atomiste de l'école de pensée gréco-romaine, célèbre non seulement pour ses analyses des phénomènes naturels, mais surtout pour avoir écrit un poème naturaliste et philosophique, le *De rerum natura*, où apparaît sous une forme complète et élogieuse la pensée d'Épicure, telle qu'elle sera ensuite reprise au début de la Renaissance. En effet, après Lucrèce, s'étend sur l'Europe le voile noir de l'aristotélisme et du dogme religieux, qui va empêcher pendant près de mille cinq cents ans tout progrès de la société et de la science, y compris de l'atomisme. L'Europe ne connaîtra que quelques lueurs, représentées par des individus isolés comme Averroès, Roger Bacon et quelques rares autres penseurs.

Lucrèce a vécu très peu de temps. Il est mort alors qu'il avait quarante ans à peine (95 avant J.-C. - 53 avant J.-C. ?).

Dans le *De rerum natura*, il développe la conception atomiste d'un monde infini, en mettant en garde le lecteur face aux tromperies et aux superstitions religieuses.

Comme pour Épicure, pour Lucrèce, il n'existe que le vide infini et la matière composée de particules infimes, les atomes, indivisibles, même s'il admet que ces atomes peuvent être composés, à leur tour, d'éléments indivisibles. Et c'est là une réflexion intéressante, qui vient compléter la doctrine épicurienne : l'atome peut avoir des parties, à leur tour indivisibles. Voici ce qu'il écrit à ce sujet au livre I (vv. 609-614) : « Les atomes sont donc d'une solide simplicité : ensembles serrés et compacts de parties minimales, loin d'être des composés issus de leur rencontre, ils se prévalent plutôt d'une éternelle simplicité, la nature n'en laissant rien arracher ni soustraire, ainsi les réservant comme semences des choses. »

Tandis que, pour Leucippe et Démocrite, comme nous l'avons dit, les atomes se rencontrent au hasard dans un mouvement tourbillonnaire dans le vide, Lucrèce reprend les théories atomistes d'Épicure selon lesquelles les atomes tombent perpendiculairement les uns par rapport aux autres dans le vide, puis, du fait d'une imperceptible déviation, le « clinamen », ils en viennent à se heurter et à s'agglomérer entre eux, et sont alors à l'origine des « choses ». Ainsi, ce n'est pas le « hasard » qui joue, comme chez Leucippe et Démocrite, mais une « nécessité naturelle », intrinsèque aux atomes mêmes.

Les idées d'Épicure, puis celles de Lucrèce, vont bien évidemment être considérées comme impies par l'Église qui va les combattre avec acharnement.

Dire que toutes ces considérations vont nourrir les discussions à Farm Hall rend notre histoire humaine à la fois grande, intellectuellement parlant, et aussi petite que le sont les atomes. La rupture se produit après quasiment deux millénaires, quand on a commencé à penser que l'atome n'est peut-être pas indivisible. Mais, au début du XXe siècle encore, personne ne pouvait imaginer l'énergie incroyable qu'il renferme.

Plusieurs siècles ont passé, plus de mille cinq cents ans, avant que les intuitions géniales des atomistes ne soient reprises par un personnage étrange et pour cela intéressant, un savant et un clerc : l'abbé Gassendi (1592-1655), et par le groupe de ses amis, les « libertins français », au XVIIe siècle. Avec une différence, cependant : tandis que les Grecs avaient placé les dieux dans un limbe heureux, peu intéressés par les affaires humaines, Gassendi va devoir compter avec l'héritage du Moyen Âge et du christianisme, et il lui faudra trouver un compromis entre les théories atomistes gréco-romaine et Dieu. En effet, encore au début de la

Renaissance, il fallait concilier le diable et l'eau bénite pour diffuser ses idées, afin de ne pas connaître le sort funeste de Giordano Bruno.

Brillant historien des sciences, philosophe, professeur de mathématique et de physique au Collège Royal de Paris, ses œuvres ont influencé la pensée de plusieurs de ses grands contemporains, comme Newton et Leibniz, ou encore le médecin, philosophe et naturaliste anglais Walter Charleton (1619-1707), intéressé par ses théories sur l'atome et sa conception de l'histoire des sciences[16]. Naturellement, l'influence de la pensée de Gassendi s'étend aussi au membre de son cénacle, tels le mathématicien Mersenne, l'historien Gabriel Naudé, le philosophe François de La Mothe Le Vayer et quelques autres encore, parmi lesquels Cyrano de Bergerac. Et puis, à partir de Voltaire, jusqu'à nos jours, nombreux sont les spécialistes qui se réfèrent à ses ouvrages sur la théorie atomiste. Ernst Bloch, en particulier, relève toutes les ambiguïtés de sa pensée, dues, comme beaucoup le disent, à sa tentative de concilier l'atomisme avec le christianisme, sur fond de bigotisme dominant la France de l'époque. D'autres, comme Perrin, pour justifier certaines incongruences de la pensée du cénacle de l'abbé, et en soulignant le fort lien d'amitié qui en unissait les membres, font l'hypothèse de l'existence d'une espèce de secte secrète, fermée aux étrangers, dont les discussions et les idées librement exprimées étaient d'une toute autre nature que ce que comportaient leurs écrits, lesquels s'efforçaient de refléter le conformisme de la Cour de France. En ce temps là, les fumées du bûcher du Campo dei Fiori[17] flottaient encore dans l'air.

---

[16] *Physiologia Epicuro_Gassendo_Charletoniana, or a Fabrick of Science natural upon the Hypothesis of Atoms*, 1654).

[17] Giordano Bruno a été condamné au bûcher et exécuté le 17 février 1600 sur la célèbre place romaine de « Campo dei fiori »

Mais nous nous intéressons plus particulièrement à l'abbé Gassendi en tant qu'« atomiste » et que continuateur des théories physiques de Démocrite, d'Épicure et de Lucrèce. Savant et bon connaisseur non seulement de l'histoire de la philosophie, mais également de celle de la science, il retrace dans ses œuvres l'histoire de l'importance du concept d'atome dans la pensée grecque et romaine, en vue de confirmer l'indivisibilité de l'atome, mais aussi d'expliquer le développement même de la science à partir de la distinction entre l'« atome » tel qu'il est décrit par la physique épicurienne et lucrétienne, et le principe mathématique des « indivisibles » qui servait seulement, selon lui, à confondre les idées et à ralentir le progrès de la science. Ainsi, en physique, Gassendi est le dernier des grands partisans des théories atomistes de Leucippe, de Démocrite, d'Épicure et de Lucrèce, et du concept d'atome indivisible.

Or, pour l'abbé, les atomes ont été créés par Dieu, et il leur a donné également un mouvement intrinsèque pour leur permettre des déviations durant leur chute. C'est là un argument scientifiquement peu convaincant, comme l'avait été en son temps le « clinamen » d'Épicure et de Lucrèce.

En tout cas, le monde est fini et est créé par Dieu.

Mais qui sait s'il s'agit bien de la véritable pensée de l'abbé et de ses amis qui, au contraire, très probablement, penchaient plutôt du côté du Diable ?

Nous allons voir alors, combien petit à petit, dans l'étude des particules élémentaires, on va recommencer à réactiver le principe du hasard comme l'imaginait Démocrite.

Mille huit cents ans se sont écoulés avant d'obtenir quelque évidence physique expérimentale de l'existence des atomes, des particules élémentaires. C'est en effet Dalton qui, en 1803, conçoit expérimentalement le premier modèle atomique. Il a démontré par l'expérience que l'atome est la plus petite partie de la matière, qui en conserve les propriétés chimiques. D'où la formulation de Dalton, de Lavoisier et de Proust, des trois lois pondérales de la chimie[18]. Mais nous en sommes encore à un modèle atomique indivisible, et avec des propriétés chimiques caractéristiques.

Un siècle s'écoule encore avant que Thomson, en 1904, ne découvre l'électron et ne présente son modèle atomique expérimental (dit du *plum pudding*), formé d'un ensemble de charges négatives et positives en nombre égal, mais toutes concentrées à l'intérieur d'une particule.

On commence à comprendre que l'atome est divisible et composé de différentes particules.

C'est la découverte de la radioactivité par Becquerel, en 1909, qui ouvre la voie à la construction du modèle atomique de Rutherford, avec les particules « alpha » émises par la désintégration radioactive constituée de deux protons et de deux neutrons. À l'aide de diverses expériences, Rutherford aboutit à la conclusion que l'atome est constitué d'un noyau positif autour duquel tournent à distance les électrons avec une charge négative (le modèle dit « planétaire »). Rutherford, en grand physicien qu'il était, réussit à faire l'hypothèse de l'existence du neutron, sans toutefois en prouver expérimentalement l'existence[19].

_____

[18] Ce sont les lois de Lavoisier (1778) sur la conservation de la masse lors d'une réaction chimique, et celle de Dalton (1804) qui précise la loi pondérale dite des « proportions définies » de Proust (1801).
[19] Cette démonstration expérimentale de l'existence du neutron, c'est James Chadwick qui l'effectue, en 1932, en travaillant aux côtés de Rutherford au Cavendish Laboratory. On en arrive ainsi à la connaissance expérimentale non seulement de l'existence de l'atome, mais également de celle de plusieurs de ses composants, comme les neutrons, les protons et les électrons.

Sautant un peu les années, nous en arrivons à 1913, au « quatrième modèle atomique », celui de Niels Bohr, qui va servir de base expérimentale et théorique à toutes les recherches futures en physique nucléaire.

CHAPITRE 4

L'ATOME À WEIMAR. LA PÉRIODE EXTRAORDINAIRE DES PHYSICIENS ATOMISTES À WEIMAR. EINSTEIN, PLANCK, HEISENBERG ET LES AUTRES

Il est difficile de trouver, sur une aussi courte période historique comme celle qu'a duré la République de Weimar, un groupe de physiciens aussi jeunes, aussi ambitieux et aussi créatifs. Göttingen, Berlin et Munich représentaient les instituts principaux dans lesquels travaillaient ces scientifiques. Ils étaient tous engagés dans les grandes perspectives de recherche que la nouvelle physique, la physique quantique, ouvrait dans le champ des recherches en physique nucléaire, à la suite des intuitions géniales d'Einstein et en particulier de Planck. Or, quasiment tous les protagonistes de ce « period d'or » de la physique allemande ont été aussi des prix Nobel.

L'Allemagne s'était dotée, au début du XXe siècle, en 1911, d'un puissant instrument indépendant pour la promotion de la science, qui prendra le nom de Kaiser Wilhelm Gesellschaft (KWG). La Société Kaiser-Wilhelm pour le Progrès des sciences aura son siège dans l'imposant Berlin Palace et acquerra très vite une réputation mondiale comme l'un des principaux centres de recherches, en particulier pour la physique et la chimie. C'est là que se trouvent les laboratoires d'Otto Hahn et de ses collaborateurs, Lise Meitner et Friz Strassman. C'est là aussi que travaille Max Planck, l'un des pères de la physique quantique. Il en deviendra le président en 1930. Entre autres mérites, Planck a celui d'avoir soutenu et obtenu, en 1914, la candidature d'Einstein pour la direction du département de physique de la Société KWG. Il faut accorder aussi du mérite aux industriels allemands et à quelques mécènes, parmi lesquels les Rothschild et les Rathenau, qui ont convaincu le Kaiser de la nécessité d'une recherche scientifique d'avant-garde, qui permette aussi de rendre plus compétitive, à l'échelle mondiale, l'industrie allemande. La KWG, forte de son indépendance, a permis d'offrir des conditions spéciales à Einstein et à d'autres talentueux savants de renommée internationale pour les attirer en Allemagne. Tout va changer après l'accession de Hitler au pouvoir, avec l'exclusion hors de la KWG, qui perd son autonomie, de 104 scientifiques juifs, dont quatre vont mourir dans les camps d'extermination. En 1948, réorganisée, avec l'aide américaine, la KWG prendra le nom de Société Max-Planck, et Otto Hahn en deviendra le président.

Dans les années 1920, l'atome, tel qu'il est défini et décrit par Niels Bohr dans son modèle atomique quantique de 1913, avec les électrons disposés autour du noyau sur sept niveaux d'énergie, devient le modèle sur lequel va travailler la communauté des physiciens atomistes.

Le cinquième modèle atomique, le modèle quantico-ondulatoire, naît à « Weimar », fruit des recherches de Heisenberg et de Schrödinger en 1926-1927. Il va fournir la théorie et la pratique pour la mécanique quantique, outil indispensable pour expliquer la quasi-totalité des phénomènes de la physique nucléaire et ses applications relatives, y compris celles qui concernent la construction des réacteurs nucléaires. Tandis que la physique classique considérait les ondes et les particules comme des phénomènes distincts, la mécanique quantique regarde les «

quanta » comme des entités physiques qui ont un comportement à la fois d'onde et de particule. En 1927, Heisenberg formule le « principe d'indétermination[20] qui, en introduisant des éléments stochastiques, révolutionne la manière de voir et d'étudier les éléments de la physique subatomique. C'est l'avènement de la mécanique quantique, qui est en train de s'imposer autour d'un groupe de prestigieux physiciens et chimistes européens, parmi lesquels de Broglie, Curie, Planck, Bohr, Heisenberg, Schrödinger, Fermi, Pauli, Dirac, Born et Otto Hahn.

À Weimar, on assiste à l'essor de la mécanique quantique e la physique atomique progresse à pas de géant grâce aussi aux séminaires de Born à Göttingen, où se rencontrent, en 1926 et 1927, Oppenheimer, Fermi, Schrödinger, Weizsäker, Heisenberg, Pauli, Otto Hahn, Dirac, Planck, Max von Laue, Lise Meitner et Sommerfeld. L'intérêt des recherches en physique atomique se concentrait également sur les tentatives de concilier la physique des « quanta » avec la théorie de la « relativité ». Toujours dans les années 1920, plus précisément en 1929, Dirac formule l'« équation d'ordre relativiste » qui permet d'étudier les électrons en recourant de façon compatible aussi bien à la relativité qu'à la physique des quanta.

On trouve par conséquent à « Weimar », dans les années 1920, un groupe exceptionnel de scientifiques. De très grands physiciens théoriques comme Einstein, Planck, le père de la physique quantique, Heisenberg, le

---

[20] Il est impossible de connaître en même temps la position exacte et la vitesse d'une particule élémentaire (e-). Pour pouvoir avancer dans les recherches, on doit recourir à des systèmes statistiques en utilisant des équations à base stochastique, et en introduisant en physique un élément de hasard qui, avec le principe d'indétermination, permettra d'accomplir le pas décisif vers la connaissance de la structure de l'atome et la possibilité, puis la capacité de maîtriser l'énergie produite par la fission nucléaire.

jeune et brillant auteur du « principe d'indétermination », et le chimiste Otto Hahn, qui réalisera la « fission nucléaire ». Il vaut la peine de décrire, même brièvement, la vie de certaines de ces personnages qui vivaient sous cette République. D'autres, tel Carl von Weizsäcker qui, dans sa jeunesse, avec étudié à Göttingen, nous les retrouverons à la fin des années 1930 et au début des années 1940, impliqués dans les recherches sur la bombe de Hitler, sous la direction de Heisenberg. Le frère de Carl, Richard von Weizsäcker, sera président de la République Fédérale Allemande dans les années 1980. Weimar compte aussi de nombreux scientifiques dans d'autres domaines, comme le chimiste Rathenau, propriétaire d'AEG et ministre des Affaires étrangères, que nous avons déjà évoqué, et qui rêvait pour sa part d'une révolution industrielle avec des retombées sociales.

Dans notre parcours historique, il nous faut toutefois effectuer un pas en arrière, par égard pour un génie de la physique moderne, Albert Einstein, et pour ce que tout le monde s'accorde à appeler son *annus mirabilis*, 1905, l'année où il a formulé la théorie de la relativité. Les années où il a vécu à Weimar ont été celles où, avec la communauté scientifique, il a confirmé, développé et commencé à appliquer ses théories géniales. Einstein naît le 14 mars 1879, et sa vie s'étend entre la fin du XIXe siècle et le milieu du XXe, deux siècles qui voient s'accomplir des mutations considérables pour l'Europe et la civilisation occidentale. Grandir dans une société aux règles rigides, telle que l'était l'Allemagne prussienne, qui plus est pour quelqu'un de doué comme l'était le jeune Albert, doit avoir contribué à développer en lui une certaine souffrance face à ces règles, et un fort esprit critique qui, ajouté à la curiosité, constituent les outils indispensables au travail d'un scientifique. Il poursuivra ses études supérieures en Suisse, un pays plus tolérant, à l'École Polytechnique de Zurich, puis sera employé à l'Institut Fédéral de la Propriété Intellectuelle. Sans doute la période la plus féconde dans sa vie de physicien théorique.

L'Europe, en particulier au début du XXe siècle, était en pleine révolution industrielle, et celle-ci s'accompagnait d'un renforcement des académies des sciences en vue de fournir une contribution aussi bien scientifique que technique adéquate et continuelle aux industries nouvelles. D'ailleurs, les grands pays européens étaient en compétition dans ce domaine aussi. La noblesse terrienne conservatrice disposait encore d'un grand pouvoir et ne voyait pas d'un très bon œil la créativité de la jeune République de Weimar. La bourgeoisie éclairée, au contraire, qui avait favorisé le développement industriel de l'Allemagne, voyait dans la République de nouvelles occasions de développement pour le pays, y compris en passant par un renforcement de la recherche scientifique. La science était désormais reconnue comme l'un des moteurs indispensables pour le progrès de la société. Une reconnaissance dont témoignent, entre autres, la naissance d'un prix prestigieux, le « Nobel » (1895), créé par l'industriel et chimiste suédois Alfred Nobel, l'inventeur de la dynamite, ainsi que les diverses initiatives visant à soutenir la science, telles que les importants colloques internationaux de scientifiques organisés en Belgique par la société Solvay. C'est durant la période où il est employé au bureau des brevets, en 1905, qu'Albert Einstein fait des découvertes spectaculaires, qui l'ont amené à devenir — et à demeurer — le physicien le plus célèbre du XXe siècle. En l'espace de six semaines, en travaillant jour et nuit à partir d'une intuition qu'il avait eue des années auparavant, il complète la partie théorique de la « relativité restreinte ». La publication de ses travaux va lui apporter, à trente-huit ans, une renommée internationale.

C'est son *annus mirabilis*, puisque, en l'espace de quelques mois, il énonce non seulement la théorie de la relativité restreinte, mais découvre aussi, dans le cadre de la mécanique quantique, la possibilité de déterminer les dimensions d'atomes et de molécules, confirmant ainsi les théories de Planck. Dans la revue helvétique *Annales des Physic* paraissent trois articles qui, en raison de leur esprit profondément novateur, mettent en émoi la communauté internationale des physiciens. Le 19 juin, Einstein publie « Un point de vue heuristique relatif à la naissance et à la transformation de la lumière » ; il y soutient et confirme que la lumière est composée d'éléments appelés « quanta » (les quanta ont un comportement à la fois de corpuscules et d'ondes). Le 18 juillet paraît un autre article intitulé « Mouvements des particules en suspension dans un liquide au repos et théorie moléculaire de la chaleur », dans lequel il formule une nouvelle théorie pour expliquer les mouvements browniens. Enfin, le 26 septembre, est édité l'article « Électrodynamique des corps en mouvement», qui constitue le premier écrit présentant la théorie de la relativité restreinte ou spéciale.

Ces trois articles vont former la base d'une série de recherches qui occuperont la communauté des physiciens à partir de leur formulation, dès les années 1920 pour la physique atomique, jusqu'à nos jours. Le 9 mars 1919, Einstein était déjà à Berlin, lors d'une éclipse solaire étudiée par deux équipes de la Royal Society. Ses théories sur la relativité générale vont y recevoir leur confirmation expérimentale. Quelques mois plus tard, en effet, la Royal Society présente officiellement les résultats de ces observations à un auditoire enthousiaste ; un rayon de lumière provenant d'étoiles occultées par le Soleil avait été dévié de sa trajectoire vers un observateur sur la Terre par la force de gravité exercée par le Soleil. En

1921, il reçoit le prix Nobel pour la découverte de la loi de l'effet photoélectrique. L'été 1913 était particulièrement chaud à Zurich, lorsque deux scientifiques allemands, Walther Nernst et Max Planck, un chimiste et un physicien déjà très connus, frappent à la porte d'Einstein. Ils venaient de Berlin, de la Société KWG, l'une des plus importantes institutions européennes dans le domaine de la recherche scientifique, dans l'espoir de convaincre le savant de prendre la direction du département de physique. Dans la compétition internationale visant à rallier les meilleurs scientifiques, l'Allemagne de Guillaume s'était manifestée la première pour s'accaparer le génie naissant de la physique théorique. En 1914, au département de physique de la KWG, Einstein devient l'incontournable point de comparaison auquel devront se confronter les idées des plus brillants savants de la « nouvelle physique ». Son contrat avec la KWG ne prévoyait aucune obligation d'enseigner et lui donnait ainsi tout le temps nécessaire pour se consacrer à la recherche — en particulier sur la théorie de la relativité —, mais aussi pour suivre des applications pratiques de la physique. Le voilà respecté et honoré, même s'il ne sera jamais véritablement aimé par la communauté des physiciens allemands.

Einstein est à Berlin au début de la guerre et se trouve face à l'enthousiasme et au fanatisme en faveur de la guerre qui envahit le peuple allemand. Sort la même année, 1914, le Manifeste des 93 qui, en plus de célébrer la guerre, contient une bonne dose de racisme lorsqu'il parle de l'agression de « Mongols et de nègres » contre la race blanche, contre « l'Allemagne, terre des sensibilités d'une grande civilisation, terre d'une grande culture pour laquelle l'héritage de Goethe, de Beethoven et de Kant est sacrée. » Ce manifeste est signé par de nombreux physiciens, parmi lesquels Planck. Dès lors, Einstein a tendance à s'isoler de la politique, à s'enfermer dans son monde de la recherche et à ne donner, pour cette année-là, que deux conférences sur la gravité. Durant les presque vingt ans passés à Berlin, il sera en tout cas la fierté de la science allemande, et son image de grand théoricien de la physique mais également d'humaniste ne fera que se renforcer au niveau mondial. Mais il était aussi un illustre citoyen de Berlin, amoureux de la nature tout autour de la ville et des lacs sur lesquels il avait plaisir à faire de la voile. D'ailleurs, la ville de Berlin, en 1929, à l'occasion de son cinquantième anniversaire, le 14 mars, décide de lui rendre hommage en lui offrant un chalet donnant sur le lac où il allait le plus souvent naviguer. La presse berlinoise se montre particulièrement élogieuse pour ce concitoyen, à tel point que le *Vossische Zeitung* compare même Einstein à Léonard de Vinci. Le généreux cadeau ne s'est cependant pas réalisé pour des raisons bureaucratiques, et Einstein a acheté de ses propres deniers une maison sur le lac à Caputh, pour y réfléchir et y étudier, loin du tumulte de la capitale. Après l'assassinat de son ami Rathenau, il pense être la prochaine cible sur la liste des groupes de droite, et Planck en personne lui conseille d'ajourner les séminaires et les réunions programmés. C'est ainsi que se diffuse la rumeur de son prochain départ. Et, de fait, peu après, il accepte une invitation pour un long cycle de conférences au Japon, où on l'accueille avec tous les honneurs, et pas seulement le monde de la science. La République de Weimar tire profit de la renommée d'Einstein pour promouvoir la réconciliation avec la France et la Grande-Bretagne, en envoyant le savant participer à plusieurs conférences, à l'invitation de diverses institutions scientifiques. L'antipathique ennemi allemand, M. Einstein, pour les publics français et britannique, bénéficiait en effet d'un charisme certain, et on pourrait ainsi renouer le dialogue entre vieux ennemis. Il a souvent rassuré Planck sur son intention de rester à Berlin malgré les attaques personnelles dont il faisait l'objet. L'Europe était encore la terre de la science et, à Berlin, il pouvait compter sur ses amis physiciens, Planck, Born et von Laue, sur les universités et sur les jeunes engagés dans la promotion de la nouvelle physique, la relativité et les recherches sur l'atome.

Berlin va demeurer pour de nombreuses années la scène où lui seront décernés toute la reconnaissance et tous les honneurs de la communauté scientifique mondiale, comme étant le savant le plus important du XXe siècle. Il l'est aujourd'hui encore, et c'est bien pourquoi nous nous sommes attardés à raconter une partie de son histoire.

Quand il décidera, finalement, en 1933, de quitter l'Allemagne, il n'aura que l'embarras du choix face aux différentes offres d'hospitalité de la part d'institutions prestigieuses. Il choisira de s'installer à Princeton, où il sera *visiting professor*. À l'arrivée de Hitler et au moment de la nazification totale de l'Allemagne, lors d'un premier voyage de Princeton à Bruxelles, début 1933, dès son arrivée en Belgique, il fait parvenir à l'ambassade allemande une lettre de démission, tant de la citoyenneté allemande que de sa qualité de membre de l'Académie prussienne. Il y écrit que, au vu de ce que devenait l'Allemagne, il ne souhaitait plus bénéficier de cette nationalité, tout en soulignant que les dix-neuf années passées à Berlin avaient été des plus fructueuses pour ses recherches et pour la qualité et les marques d'amitié de ses collègues. Cela ne plaît pas au régime, qui voulait être le premier à chasser Einstein et qui fait réunir l'Académie pour l'exclure par un communiqué officiel. Les membres présents étaient quatorze : tous votent en faveur de son expulsion, y compris ses amis, excepté Max von Laue. Planck, comme d'habitude, joue la neutralité, en écrivant que le judaïsme et le National-Socialisme sont des « idéologies » qui ne peuvent pas cohabiter.[21]

Après l'explosion de la bombe atomique, il s'est déclaré souvent contre l'utilisation militaire que font les gouvernements des découvertes scientifiques, et en particulier contre l'utilisation de l'arme atomique. Nous nous souvenons d'Einstein, entre autres, non seulement comme d'un génie de la physique, mais aussi comme d'un illustre citoyen de la République de Weimar. Il a voulu pratiquement oublier cette période, en se considérant désormais comme un citoyen du monde, de nationalité suisse et américaine. À partir de l'accession de Hitler au pouvoir, il n'a plus remis les pieds en Allemagne. Et il avait de bonnes raisons pour cela.

Moins tourmentés par Hiroshima et Nagasaki, Planck et Heisenberg, les deux grands physiciens allemands, contrairement à Einstein internationaliste, étaient de fervents nationalistes, même s'ils n'étaient pas inscrits au parti nazi, et nous les retrouverons bientôt à Farm Hall.

Planck, l'un des pères nobles de la physique quantique, fils d'un ténor du barreau, dès la fin de ses études au département de physique où il s'est révélé un étudiant brillant, est appelé par son professeur et encouragé à poursuivre ses études et ses recherches, mais sur un sujet nouveau » Planck, pendant quelques années, a quitté le département de physique et a vécu de l'enseignement privé. Mais puis il est retourné à ses recherches en physique, en particulier à la thermodynamique et aux radiations thermiques. En 1900, il observe qu'un électron peut irradier de l'énergie, mais par intervalles et « au hasard », sous la forme de « quanta », des éléments au comportement soit ondulatoire, soit corpusculaire. Voilà un concept bien difficile à assimiler pour la physique classique de l'époque.

---

[21] Cf. Thomas Levenson, *Einstein in Berlin*, 2003.

Cinq ans plus tard, en 1905, le quantum de lumière est reconnu comme élément indépendant par Einstein, qui applique l'idée des quanta de lumière pour expliquer les lois de l'effet photoélectrique. Puis, en 1913, Niels Bohr étend l'idée de « quantisation » de l'énergie à l'énergie des électrons à l'intérieur de l'atome. On introduit ainsi en physique classique, en particulier dans la physique subatomique, une part de hasard qui dérange non seulement bon nombre de ses collègues physiciens, mais également tous ceux qui voient dans le progrès de la science des influences sur la société. Dans une société régie par un strict déterminisme, comme la société prussienne, il n'y avait pas de place pour l'aléatoire et le hasard. L'article incriminé du 14 décembre 1900 s'intitulait : « Über die Elementar quanta der Materie und Elektrizität ». Planck était un personnage austère et, à la différence du brillant Heisenberg, il était hostile au régime nazi. C'est d'ailleurs pour cette raison qu'il a été écarté, en 1937, du département de physique de la KWG. Il a eu le malheur de perdre ses deux fils. Le premier durant la guerre de 1914-1918, l'autre par pendaison après l'échec du complot contre Hitler, en 1944. Il demeure l'une des grandes figures de la science de Weimar. Après la Seconde Guerre mondiale, la Société KWG sera rebaptisée de son nom.

Sur Heisenberg, de nombreux ouvrages ont paru, — sur lui, et sur sa théorie du « principe d'intermination ». Et ce à juste titre, car il a été l'une des personnalités les plus brillantes de la République de Weimar, et il demeure l'un des physiciens majeurs du XXe siècle, engagé, dans les années 1930, à construire la bombe de Hitler. Nous le retrouverons, en compagnie du chimiste Otto Hahn.

Par ailleurs, toujours à la faveur de cette relation réciproque entre science et société, le « principe d'indétermination » a contribué à nous éclairer sur le rôle du « hasard » dans notre monde. Weimar était riche de personnalités complexes et intéressantes, comme le chimiste Walter Rathenau, un scientifique que nous avons déjà rencontré en tant qu'homme politique de premier plan et fervent partisan de la République. Rathenau, en plus de son statut de savant ami d'Einstein et de celui d'héritier d'un des plus grands groupes industriels allemands, était aussi un intellectuel, qui imaginait une utopie sociale. Vivant à l'époque de l'affirmation du prolétariat industriel, il nous a laissé une série d'écrits et de considérations sur la manière dont devraient être idéalement les rapports de collaboration entre les travailleurs et les propriétaires, en particulier dans les industries, de façon à éliminer les conflits de classe, favorisant ainsi un meilleur équilibre social et une meilleure répartition des richesses dans le pays. C'est aussi le premier industriel qui commence à réfléchir sur la possibilité d'une intervention de l'État comme facteur d'équilibre dans le processus de production industrielle. C'était un scientifique, un industriel et un politique éclairé, un utopiste, un partisan de la République dont il voyait clairement les faiblesses et la fin possible. Une de ses interventions politiques, « Socialisation infinie », expose ses pensées et ses doutes sur l'avenir d'une République encore marquée de fortes disparités économiques. Il y écrit : « Nous avons obtenu la République de façon soudaine. La République sociale. De fort loin nous séduisait le jardin des merveilles, et voilà que, de but en blanc, nous devons y entrer précipitamment. La République ne peut pas ne pas devenir sociale. Mais elle a horreur de l'idéologie. À notre droite, nous avons le sanglant précédent de Lénine. À notre gauche, la concurrence mécanique du marché occidental. Au milieu, Spartakus. Homère chante… devant lui le lion, derrière lui le dragon, au milieu la Chimère… pour atteindre ce qu'on peut appeler la "justice sociale" ».[22]

Ses idées ont été étudiées et reprises après la guerre, en particulier en France et en Italie, où l'État est intervenu fortement dans le tissu industriel national.

De ce groupe de physiciens géniaux, dont les recherches se sont déroulées durant les années de « Weimar », et qui ont été presque tous, comme les précédents, prix Nobel, faisaient également partie Pauli, Sommerfeld, Schrödinger, Max Born et le contesté Johannes Stark.

Wolfgang Pauli, prix Nobel en 1945 (pour le principe d'exclusion selon lequel deux électrons d'un même atome ne peuvent avoir des nombres quantiques semblables), élève de Sommerfeld, a été très jeune un des concepteurs de la mécanique quantique, lorsqu'il travaillait dans les universités de Munich, de Hambourg et de Göttingen qui, avec Berlin, constituaient les centres les plus importants pour les recherches sur la physique atomique. Il est resté célèbre aussi pour son long rapport avec le psychanalyste Carl Jung, au point que, outre ses recherches en physique, il a laissé d'estimables réflexions sur l'inconscient et ses relations avec des concepts de base de la mécanique quantique. Certes, avoir eu comme parrain, à sa naissance, le 25 avril 1900, Ernst Mach, le célèbre physicien et écrivain qui a tellement influencé la société du XXe siècle, ne pouvait qu'être un signe de bon augure pour un avenir de succès. Un succès qui est arrivé très vite, quand, à l'âge de vingt ans seulement, à la demande de son professeur Sommerfeld, il a écrit un essai sur la théorie de la relativité spéciale et générale, un essai (paru en 1921) qu'a loué Einstein en personne, convaincu qu'il est assez exceptionnel qu'un scientifique aussi

_____

[22] Cf. Massimo Cacciari, *Rathenau e il suo ambiente*, De Donato, 1979.

jeune se montre capable d'analyses et de déductions mathématiques décisives sur un sujet aussi complexe, tel que la théorie de la relativité. Parmi ses découvertes en physique atomique, on compte celle de l'existence théorique du neutrino, confirmée par la suite par les recherches de Fermi. À propos de sa pensée ésotérique développée dans sa longue fréquentation de Jung, un historien des sciences, Arthur I. Miller, a tiré un beau livre[23] sur le nombre 137, qui intéressait aussi bien Jung que Pauli dans leurs disciplines respectives. Il y écrit ceci : « L'histoire de l'amitié entre Pauli et Jung m'a entraîné dans un monde qui transcende la physique et la psychologie et m'a transporté dans des domaines que je n'aurais jamais imaginé fréquenter, comme l'alchimie, la kabbale et le mysticisme» De fait, alors que pour la physique atomique le nombre 137 représente une « constante » et résulte d'un calcul complexe pour indiquer comment un électron, dans certaines conditions, peut émettre ou absorber un photon, en tenant compte de trois paramètres fondamentaux pour la physique atomique (la charge électrique, la constante de Planck et la vitesse de la lumière, éléments de base de la relativité et de la mécanique quantique), pour la Kabbale, le nombre 137 constitue la valeur numérique du mot même de Kabbale[24]… Étranges coïncidences, puisque, par ailleurs, la chambre attribuée à Pauli, dans la clinique de Zurich où il est mort (le 15 décembre 1958), portait le n° 137. Ce sont là des curiosités, mais un physicien théorique est inévitablement attiré par le désir d'enquêter sur ce qui nous reste inconnu, comme l'origine du monde. Ce sera aussi le cas pour Einstein, lorsqu'il réfléchira sur le rôle des religions dans l'histoire des origines.

---

[23] *137 — Jung, Pauli and the Pursuit of a Scientific Obsession*, 2010.
[24] Leon Lederman, *The God Particle*, 1993 ; trad. fr., *Une sacrée particule*, éd. O. Jacob, 1996.

Autre Nobel de cette époque bénie pour la physique de Weimar : Erwin Schrödinger. Hostile aux mesures antisémites instaurées par les nazis en 1933, il décide de quitter Berlin et accepte l'invitation de l'université d'Oxford. C'est la même année qu'il reçoit le prix Nobel. Il a été l'un des premiers physiciens engagés dans les recherches sur la mécanique quantique. Pendant des années, il a occupé la place de Planck, le « fondateur » de la physique quantique, à la chaire de physique à Berlin, à l'université Humboldt. Une figure de génie, mais problématique dans ses choix, de nature soit politique, soit scientifique. En 1927, le gouvernement italien organise une réunion à Côme pour célébrer le centenaire de la mort de Volta. Une grande partie des physiciens que nous avons cités y assistent, y compris Bohr et Schrödinger, mais non Einstein, qui décline l'invitation d'un gouvernement fasciste. À cette occasion, Bohr a complimenté Schrödinger pour sa contribution à la mécanique quantique. Mais ce dernier a manifesté sa perplexité à l'égard de la théorie des quanta, en train de s'élaborer à l'époque. Il est resté avec ses doutes et, peu après, il s'est convaincu que la pratique de la physique quantique n'était pas suffisante pour résoudre tous les problèmes que posaient les recherches en physique atomique. C'est alors qu'il a inventé, avec beaucoup de finesse, le « paradoxe du chat », imaginé en 1935, qui porte son nom et qui représente les incertitudes et les doutes de cette période historique qui traversent aussi bien la société que la science, et en particulier la physique, avec son principe d'indétermination. Schrödinger imagine d'enfermer un chat dans une boîte, avec un dispositif qui, en l'espace d'une heure, peut ou ne peut pas déclencher un mécanisme mortel pour l'animal. Au bout d'une heure, le chat a 50% de probabilités d'être vivant, et autant d'être mort. Autrement dit, le chat est vivant et mort en même temps, tout comme les éléments de la physique quantique, les quanta, qui peuvent être en même temps deux choses différentes : des particules et des ondes. Mais, si nous ouvrons la boîte, le chat sera soit vivant, soit mort. C'est là un moyen d'affirmer que la physique quantique devrait nous conduire à des paradoxes si elle était appliquée en dehors de la physique des particules élémentaires, puisqu'il est bien improbable de rencontrer dans la rue un chat mort-vivant.

Tempérament troublé à cause d'une maladie grave, la tuberculose, il a abandonné vers la fin de sa carrière la physique quantique. Il avait critiqué le régime nazi à cause de la persécution des scientifiques juifs, mais ensuite il était retourné en Autriche, annexée à l'Allemagne, pour y passer les premières années de la guerre, avant de quitter le pays, pour s'installer d'abord à Oxford, puis à Dublin, avant de revenir en 1956 à Vienne, où il meurt en 1961. C'était un esprit curieux, un physicien avant tout, mais il s'intéressait aussi à d'autres champs de la science, comme la biologie, à laquelle il a contribué avec de précieuses suggestions qu'ont reprises les biologistes engagés dans les recherches sur l'ADN.

Dans cette galerie de portraits des grands physiciens de la République, il faut compter également Max Laue (1897-1960), ami d'Einstein, qu'il remplacera souvent à l'institut de physique de la KWG. Il était, sur le plan scientifique, très proche de Planck et, comme lui, résolument opposé au régime nazi. Il a reçu le prix Nobel en 1941 pour ses recherches sur la diffraction. Il a été véritablement LE physicien de Weimar, pour avoir enseigné à Göttingen, à Munich et à Berlin, les grands centres de la nouvelle physique de la République.

Nous ne pouvons pas relater l'histoire de tous les brillants physiciens de Weimar. Ce serait là un tout autre livre. Toutefois, n'oublions pas l'un des maîtres de la mécanique quantique, et de la relativité, Max Born, professeur à Göttingen à partir de 1919, et soutenu par Einstein qui lui a toujours manifesté de l'estime et de l'amitié. On connaît la célèbre lettre que le même Einstein lui avait écrite, où il disait que la physique des quanta nous a beaucoup apporté, mais qu'elle ne nous a pas ouvert aux secrets « of the old one » et que, malgré tout (contre les éléments de hasard qui réclamaient ces nouvelles théories), « I am convinced HE does not play dice. » Et il est resté convaincu de cela jusqu'à la fin de ses jours. À ses séminaires, comme nous l'avons rappelé, participaient les physiciens atomistes du monde entier, en particulier ceux qui travaillaient dans le domaine de la mécanique quantique. Parmi les diplômés de Dresde qui ont soutenu leur thèse sous sa direction, il faut mentionner Robert Oppenheimer, Viktor Weisskopf, Max Delbruck et Pasqual Jordan, entre autres. Rapportons une étonnante anecdote. Born, désireux de faire connaître à un vaste public cultivé les nouveaux horizons de la physique, a publié un livre de vulgarisation de physique quantique, avec l'intention d'inclure également un portrait d'Einstein. Il en a été fermement dissuadé par von Laue, puis par Einstein lui-même qui voulait échapper au culte de la personnalité. Born n'était pas seulement un grand maître qui pouvait bénéficier de l'assistance de physiciens du niveau de Fermi, de Friedrich Hund, de Wolfgang Pauli ou d'Edward Teller, dont beaucoup seront engagés dans la conception de la bombe américaine ; il était lui-même un excellent chercheur, au point que, en 1925, conjointement à Heisenberg, il a formulé la mécanique des matrices, un outil indispensable pour compléter la mécanique quantique. En 1932, Heisenberg a obtenu le prix Nobel en dépit du fait qu'Einstein avait suggéré un trio, duquel auraient dû faire partie, outre Heisenberg, Born et Jordan. Born a été contraint, comme nombre de ses collègues, de quitter l'Allemagne pour fuir les persécutions antisémites ; mais l'université de Göttingen et son département de physique vont rester, jusque dans ses souvenirs, les meilleures années de sa vie. En 1936, il est professeur à l'université d'Édimbourg, où il va rester jusqu'en 1952. Son assistant préféré était un jeune physicien allemand, Klaus Fuchs. Fuchs avait dû quitter l'Allemagne parce qu'il était affilié au Parti communiste. Il va collaborer aux différents projets visant à construire une arme nucléaire, d'abord en Grande-Bretagne puis aux États-Unis, à Los Alamos, en fournissant aux agents soviétiques des données sensibles qui vont permettre aux Russes de faire avancer leurs propres projets atomiques. Son activité d'espionnage n'a été découverte qu'en 1950 lorsque, revenu à Harwell, il dirigeait un important département qui s'occupait de recherches sur l'atome. Born, naturellement, n'a rien à voir avec un des plus célèbres espions dans le domaine atomique. Mais cette histoire nous sert à décrire l'atmosphère dans laquelle se déroulait la course à l'arme nucléaire : des scientifiques, assurément les meilleurs physiciens, des agents communistes, des faucons comme Teller, des militaires et des idéalistes comme Oppenheimer. Sorti de prison, il s'est retiré en Allemagne de l'Est, alors satellite de Moscou. Il n'a pas fini à Doubna, comme Pontecorvo, une autre célèbre taupe de l'atome. Born était rentré en Allemagne lorsque, en octobre 1954, il a été informé qu'on lui décernait le prix Nobel pour l'interprétation statistique de la fonction d'onde. Certes, cela ne concerne pas vraiment notre histoire, mais cela la concerne tout de même un peu, parce que beaucoup d'entre nous se souviennent de certaines belles chansons. À Cambridge est née une de ses nièces, qui va devenir une chanteuse de renom : Olivia Newton Jones. Elle sera l'interprète, en 1977, d'une des comédies musicales les plus célèbres :

Grease. L'hérédité génétique semble être passée de l'univers de la physique à celui de la musique. Pour revenir à notre prix Nobel, il réaffirme, dans son discours, un concept qui devrait être courant pour un scientifique, à savoir qu'il n'existe aucune vérité absolue, définitive. Car, croire en la vérité absolue et se persuader d'en être le détenteur exclusif, telle est l'origine des maux qui affligent notre monde. Une claire référence aux idéologies comme le fascisme et le communisme, ainsi qu'à certaines formes d'intolérance religieuse. Born est mort dans sa bonne ville de Göttingen en 1970.

Toutefois, il n'en va pas toujours ainsi, et les « Dr. Jekyll et Mr. Hyde » figuraient aussi parmi les physiciens allemands. Nous voulons parler ici en particulier de Johannes Stark et de Philipp Lenard.

La communauté des physiciens allemands qui, on l'a vu, a fourni la contribution la plus significative à la naissance de la nouvelle physique, en particulier à la mécanique quantique, comptait aussi des physiciens opposés aux thèse d'Einstein et de Planck, comme cela se produit normalement en science. Certains, par dérision, avaient rapproché les idées d'Einstein du mouvement dadaïste. Les physiciens hostiles aux théories relativistes s'étaient déjà manifestés à partir de 1920, mêlant à dessein science et idéologie, avec la création d'une association baptisée « Groupe de travail des scientifiques allemands pour la défense de la ''science pure''». Le commentaire d'Einstein avait consisté alors à répondre que les critiques adressées à ses théories n'avaient aucun fondement scientifique réfutable, mais reposaient plutôt sur une base idéologique et antisémite. Il avait conclu en disant que tous, malheureusement, de temps en temps, nous apportons notre offrande à l'autel de la stupidité.

L'université de Göttingen, en 1915, était déjà renommée pour l'excellence de ses instituts de mathématiques et de physique. Le département de physique était dirigé par Sommerfeld et, durant les années de Weimar, Göttingen va représenter l'un des centres majeurs pour les recherches dans le champ de la mécanique quantique. Cette année-là, un jeune physicien, Johannes Stark, au début de sa carrière, demande à être admis à la faculté de physique. Face au refus de Sommerfeld, qui n'était pas motivé par des raisons personnelles mais par des questions techniques concernant l'organisation de la faculté, il accuse les collègues de Göttingen d'être « un repaire de Juifs ». Il faut rappeler ce fait, car il nous montre que, dès le début, la République était traversée de manifestations antisémites. Ensuite, en tant que nazi fervent, mêlant idéologie et science, Stark deviendra le plus féroce adversaire des théories d'Einstein et de la nouvelle physique, la mécanique quantique étant accusée d'être une « physique juive », contre celle qu'il appellera la « physique aryenne » et de laquelle, avec son collègue Philipp Lenard, il deviendra le porte-parole. Lenard, de fait, dans une déclaration publique, affirme : « La science serait internationale ? Faux. En réalité, la science, comme n'importe quel autre produit humain, est liée à la race et est conditionnée par le sang. »[25] Il est rare d'entendre de pires inepties, surtout dans la bouche d'un scientifique de renom !

Stark et Lenard seront non seulement des nazis convaincus, dévoués à la cause du parti, mais ils créeront leur propre association de physiciens, la « Deutsche Physik ». Stark, revendiquant une liaison directe avec Hitler, est vite devenu l'un des physiciens les plus influents et les plus puissants dès les premières années du régime, en soutenant que la physique théorique

---

[25] R. Fieschi, *La Repubblica*, 13/01/2019.

souffrait d'un caractère dogmatique et qu'elle se trouvait aux mains des Juifs. Il a dès lors coupé les fonds pour la physique théorique en alléguant que l'Allemagne avait surtout besoin de recherches en physique appliquée à l'effort de guerre, un type de physique pratiquée justement par son ami Lenard, qui avait obtenu le prix Nobel pour ses recherches sur la radioactivité et la structure nucléaire des atomes. En raison de son obsession pour la « physique aryenne » en opposition à la « physique juive», il s'est débarrassé de nombreux opposants, mais il s'est heurté au détesté Heisenberg, qualifié de « Juif blanc ». Tout un processus s'est déroulé au sein du parti, dans lequel Himler en personne a pesé de tout son poids en faveur de Heisenberg et contre Stark. C'est ainsi qu'ont commencé le déclin de Johannes Stark et l'ascension de Heisenberg comme le seul physicien capable de diriger les recherches en vue de fabriquer la bombe atomique. Soutenu par Albert Speer, le puissant ami de Hitler et ministre de l'Armement, Heisenberg a obtenu aussi la direction de l'institut de physique, à la Société KWG, et la chaire de physique de l'université de Berlin.

Nous arrivons alors à une année décisive pour notre histoire : 1938.

CHAPITRE 5

BERLIN-LOS ALAMOS. LA « FISSION NUCLÉAIRE » ET LA COURSE À LA « BOMBE »

Les grands progrès que la physique atomique avait accomplis sous la République de Weimar ont occupé les recherches des physiciens et des principaux instituts et universités d'Europe, dans les années 1930. Avec les applications de la physique quantique, on menait diverses expériences sur la structure de l'atome ; on étudiait plus particulièrement les effets du bombardement d'un atome d'uranium par des neutrons. En 1938, Otto Hahn et ses collaborateurs, Lise Meitner et Fritz Strassman, en se fondant sur de précédentes recherches, parmi lesquelles celles de Frédéric Joliot-Curie et celles d'Enrico Fermi et de son groupe de la via Panisperna (Fermi, en 1934, avait déjà bombardé de neutrons un atome d'uranium), avaient obtenu la décomposition de l'atome, la fameuse « fission nucléaire». La première annonce selon laquelle un atome d'uranium avait été scindé en fragments plus petits, constitués d'éléments plus légers, avait été publiée dans la revue *Die Naturwissenschaften*, le 3 janvier 1939. Entre-temps, Lise Meitner, une scientifique juive autrichienne, qui avait pu se réfugier en Suède grâce à l'aide de Hahn et de Bohr, publie, dans le prestigieux magazine international *Nature*, le 11 février, toujours de l'année 1939, les données théoriques et expérimentales de la recherche qui avait conduit à la « fission nucléaire ». Lise Meitner, contrairement à Otto Hahn, ne recevra pas le Nobel pour cette importante découverte scientifique, et Otto Hahn ne la mentionnera même pas lors de la cérémonie de réception du Nobel. Aujourd'hui, la communauté scientifique a reconnu la part déterminante qu'elle a eue dans cette découverte, en établissant combien la contribution théorique a été en grande partie son œuvre. La fission nucléaire, qui arrivait après la décennie d'or de la physique à Weimar, avec les succès des physiciens dans le nouvel horizon ouvert par la mécanique quantique, a suscité un immense intérêt et d'intenses discussions au sein de la communauté scientifique. L'atome n'était plus la particule indivisible qui constituait la base de notre monde, comme on le pensait depuis près de deux mille ans, et sa fission ouvrait de nouvelles et immenses perspectives de recherche, y compris pour en découvrir « l'origine ».

Les gouvernements, qui s'apprêtaient à déclencher la Seconde Guerre mondiale, et pas seulement les physiciens, se sont vite rendu compte du grand potentiel énergétique que cette découverte pouvait créer et de sa possible utilisation militaire.

La nouvelle de la « fission nucléaire », nous l'avons vu, ne va pas rester discrète, comme l'aurait sans doute voulu Otto Hahn. Et un évènement aussi retentissant dans l'histoire de la physique atomique a fait rapidement son chemin dans les universités de la moitié du monde et va devenir le sujet principal de toutes les réunions de physiciens. Les grandes écoles de physique atomique, comme celles de Joliot-Curie à Paris ou l'Imperial College de Londres, Cavendish, Berlin, Göttingen, Copenhague, Rome ou encore l'école de Kapitsa en Russie, pour ne citer que celles-là, vont trouver confirmation de leurs recherches en cours. Joliot-Curie, en 1935 au Collège de France, était engagé dans la construction d'un réacteur nucléaire, mais, juste avant l'invasion allemande, il est parvenu à envoyer en Angleterre tout le matériel et toute la documentation relative à sa recherche. Elles vont servir à organiser le programme d'arme nucléaire britannique, sous le nom de code « Tube Alloys ». Fermi, en voyage à travers les États-Unis en décembre 1938, pour fuir les lois raciales qui avaient frappé sa femme, va poursuivre ses travaux, menés avec succès à Rome, aux États-Unis, avec certains de ses collaborateurs qui avaient déjà quitté l'Italie.

C'est le moment où cette nouvelle devient elle-même une bombe dans le cerveau des physiciens, qui devinent vite le potentiel, y compris militaire, d'une telle découverte : la fission de l'atome libère une telle énergie qui, si elle n'est pas maîtrisée, peut générer une immense puissance. Des physiciens aux politiques, qui se préparaient à une guerre mondiale, le chemin est court. Nous chercherons, en nous fondant sur les nombreux témoignages des protagonistes de cette histoire, à en donner une synthèse aussi exacte que possible.

Le cadre général à ne pas oublier, c'est l'agression de l'Allemagne nazie contre les démocraties européennes, avec à leur tête le Royaume-Uni. À leurs côtés, la Russie soviétique, alliée dans un premier temps à l'Allemagne nazie, puis solidaire avec les Alliés après avoir été attaquée par l'Allemagne, et dont l'intervention a été par la suite décisive pour la défaite de Hitler. Encore plus décisive a été l'intervention des États-Unis en 1941, après l'attaque surprise de Pearl Harbour par l'aviation japonaise. Tous ces « acteurs » étaient autant de prétendants potentiels à la construction d'un engin de guerre nucléaire. À commencer par le Royaume-Uni, avec ses laboratoires en Angleterre et au Canada, auxquels coopéraient quelques scientifiques français et le physicien Bruno Pontecorvo, de l'école de Fermi, qui sera protagoniste, par la suite, dans les années 1950, d'une retentissante affaire d'espionnage atomique.

La Russie, même si elle possédait tout un arsenal de connaissances scientifiques avancées, ne prend sérieusement en considération l'idée de se doter d'un armement nucléaire qu'en 1943, après une série de rapports fournis par des physiciens sympathisants avec l'idéologie de l'Union soviétique, comme Fuchs ou John Cairncross (et les cinq espions de Cambridge). Staline décide d'accélérer les recherches, en nommant à la tête du projet le très fidèle et très dur Lavrenti Beria, et sous sa direction Igor Vasilevich Kurchatov, avec la supervision scientifique du prix Nobel Piotr Kapitsa, rentré de Grande-Bretagne où il avait travaillé longtemps au laboratoire Cavendish, et la participation d'illustres physiciens comme Andreï Sakharov. Kapitsa s'est vite dissocié des recherches nucléaires à usage militaire, et c'est pour cette raison qu'il a passé de nombreuses années à subir les vexations du régime.

L'Allemagne, quant à elle, à la fin de 1939, concentre ses recherches à l'institut de physique du Kaiser Wilhelm à Berlin et, avec la création de l'« Uranverein », le « club de l'uranium », présidé par Heisenberg, elle s'apprête à réaliser la première l'arme nucléaire.

La communauté des physiciens au Japon était informée des progrès dans le champ de la physique atomique, si bien que les savants nippons ont organisé deux projets de recherches nucléaires, avec deux finalités différentes. Le premier projet , à l'université de Kyoto, avait comme objectif l'indépendance du Japon dans le domaine énergétique, l'atome venant en complément de l'énergie produite par le charbon et le pétrole. Le second, en revanche, à l'université de Tokyo et dirigé par un collègue de Bohr, le Pr Mishima, était orienté vers la recherche d'une arme de guerre. Les deux projets cependant n'ont jamais été réalisés, pour la bonne raison surtout que le gouvernement était concentré sur l'immense effort de guerre, en particulier dans le développement de nouveaux types d'avions comme sur la construction de nombreux navires de guerre. À la fin du conflit, toujours de crainte qu'ils tombent aux mains des Russes, les équipements de ces deux centres de recherche seront détruits par les alliés et jetés dans la mer, dans la baie de Tokyo.

Enfin, les Américains sortiront vainqueurs de cette compétition, non seulement pour la forte motivation éthique, le bien contre le mal, quasiment une impératif étique, mais surtout pour l'immense effort scientifique, technique et matériel mis à disposition à la suite de la lettre d'Einstein et du rapport Bush[26], un effort qu'on évalue à au moins trois milliards de dollars.

En ce qui concerne les opinions de la communauté des physiciens, il ne faisait aucun doute que les savants allemands, qui avaient assisté à la traque et aux persécutions de leurs collègues juifs, savaient parfaitement qu'ils travaillaient pour un régime criminel lancé à la conquête du monde, même si beaucoup d'entre eux se sont justifiés en alléguant leur sens du patriotisme. Une attitude bien différente de celle des physiciens anglais, américains, français, italiens et d'autres pays européens encore, qui avaient fui le régime hitlérien : nombre d'entre eux étaient favorables à l'utilisation de l'arme atomique pour en terminer avec la guerre et pour terrasser le nazisme. La communauté des physiciens a été confortée dans cette opinion en raison également des documents qui ont été retrouvés, selon lesquels les savants allemands, avec Heisenberg, ont suivi une mauvaise voie, scientifiquement et techniquement parlant, et qui aurait en tout cas réclamé un temps de réalisation très long, tandis que Hitler espérait une victoire rapide : la guerre éclair. Toujours pour rester dans la sphère de la

---

[26] Vannevar Bush, *Science, the Endless Frontier*, 1945.

communauté des physiciens, il est très instructif de rapporter, ne serait-ce que pour évoquer les sentiments qui animaient les physiciens du groupe américain, l'exclamation d'Oppenheimer qui, avec un autre physicien, aussitôt après l'explosion de la bombe expérimentale dans le désert d'Alamagordo, en juillet 1945, s'adresse au général Groves, le coordonnateur du projet « Manhattan », en disant avec un sourire de soulagement : « La guerre est finie ! » À quoi Groves répond : « Il faudra encore deux ou trois bombes. »

Même si la communauté des physiciens s'est scindée en deux camps, les attitudes de non-collaboration pour la réalisation de la bombe atomique n'ont pas manqué. Le tourment et parfois l'ambiguïté de nombreux physiciens comme Oppenheimer ou Otto Hahn se manifestent aussi chez un grand physicien anglais. Il s'agit de Paul Dirac, l'un des physiciens les plus importants du XXe siècle. Il s'était engagé, dans un premier temps, à la suite de la décision de Churchill, en octobre 1941, à soutenir les recherches pour la réalisation d'une arme de guerre atomique, avec le projet « Tube Alloys ». Cependant, lorsque, à l'été 1943, Churchill et Roosevelt s'accordent pour faire participer les physiciens et les techniciens anglais au projet « Manhattan », et qu'une vingtaine d'entre eux viennent s'installer à Los Alamos, Dirac, en dépit de l'insistance d'Oppenheimer, prend ses distances et cesse toute collaboration avec les projets nucléaires. Personne très discrète et au caractère plutôt sombre, il n'a jamais donné une seule explication de cette décision.   Ce fait nous permet de mieux comprendre combien étaient difficiles, dans ces années-là, les choix des physiciens atomistes : Einstein lui-même, après sa fameuse lettre adressée à Roosevelt[27] pour inviter les États-Unis à prendre sérieusement en considération l'hypothèse d'une bombe nucléaire de Hitler, a montré une attitude réservée et hostile à l'utilisation de l'arme atomique. Et puis, il faut compter aussi avec les drames personnels, comme celui, pour en rester à Dirac, de sa sœur Betty, mariée avec un scientifique de confession juive. Dirac, grand ami et collègue de Heisenberg dans l'élaboration de la mécanique quantique, malgré le fait qu'ils étaient séparés par la guerre, a fait parvenir deux lettres à Heisenberg afin de lui demander d'intervenir personnellement, étant donné les relations du scientifique allemand avec Himmler, pour tenter de sauver sa sœur Betty qui s'était réfugiée en Hongrie avec sa famille. En vain. Le mari a été interné à Mauthausen, et, jusqu'à la fin du conflit, on n'a plus eu aucune nouvelle ni de lui ni de Betty. Entre-temps, la Hongrie était passée sous la tutelle de l'Union soviétique. En l'occurrence, c'est un physicien russe, Piotr Kapitsa, un ami de Dirac, qui a annoncé alors la bonne nouvelle : toute la famille était saine et sauve.

Dans les nombreuses réunions de scientifiques auxquelles j'ai participé jusqu'à aujourd'hui, il n'a jamais été fait place aux différences de religion ou de nationalité. La science y est vue comme un bien commun, à partager. Même si, par respect pour la vérité, dans l'immédiat après-guerre, lors de la guerre froide, rappelant l'hostilité de Teller envers Oppenheimer et les affaires d'espionnage atomique, la communauté des physiciens était plutôt divisée.

Pour en revenir à l'Amérique, en 1939, deux physiciens hongrois, Leó Szilárd et Edward Teller, actifs dans la communauté des physiciens qui animait la République de Weimar, et qui étaient au courant des

---

[27] Cf. Annexe 1.

expériences menées par Otto Hahn, comme de la possibilité, désormais connue dans les milieux des physiciens atomistes, d'utiliser l'énergie de la fission nucléaire pour des buts militaires, convainquent Einstein d'écrire une lettre au président Roosevelt, afin de lui expliquer la possibilité, grâce aux recherches récentes, de produire une bombe atomique à la puissance dévastatrice et dont, semble-t-il très raisonnablement, l'Allemagne nazie réfléchit à la réalisation. Mais l'« idée » est encore si difficile à comprendre, sauf pour le cercle très étroit des physiciens théoriques et des physiciens atomistes, qu'on a songé à confier cette lettre d'explication non point à un physicien, mais à un économiste, lui aussi Hongrois et ami de Roosevelt, dont il avait été un conseiller. C'est ainsi que la lettre d'Einstein a été portée par Alexander Sachs, le 11 octobre 1939. Sachs, qui avait par ailleurs une façon colorée et convaincante de parler, a su bien expliquer à Roosevelt le danger de cette nouvelle arme terrifiante. Sauf que les États-Unis n'étaient pas encore en guerre. Roosevelt ne va s'engager véritablement qu'à partir du 9 octobre 1941, grâce aux insistances et aux plans précis qu'en a présentés Bush, juste à la veille de l'attaque surprise de Pearl Harbour par les Japonais, le 7 décembre 1941, qui s'est soldée, comme on sait, par la destruction d'une bonne partie de la flotte américaine du Pacifique. C'est sous cette pression que Roosevelt décide l'entrée en guerre des États-Unis ainsi que l'accélération des plans atomiques, comme le suggère également un rapport que Bush envoie au président en juin 1942, dans lequel il souligne la possibilité réelle de produire une arme atomique qui se montrerait décisive sur le sort de la guerre.

Avec le feu vert définitif de Roosevelt naît le plan secret « Manhattan »[28], où sont concentrées toutes les initiatives précédentes. Ce plan aura deux têtes très différentes, mais très impliquées dans le même objectif : le physicien Oppenheimer et le général Leslie Groves. Teller, qui, dans l'immédiat après-guerre, durant la période américaine de la « chasse aux sorcières », la chasse aux individus suspectés de sympathies communistes, dont de nombreux intellectuels ont été victimes, y compris, pour en citer deux, Charlie Chaplin et Arthur Miller, ne s'était pas montré « frendly » avec Oppenheimer. Dans une préface, datant de 1982, pour un livre de Groves, il en reconnaîtra les grandes qualités humaines et scientifiques, au point que, écrit-il, non seulement il connaissait les programmes techniques et scientifiques dans les moindres détails, mais aussi directement les problèmes personnels d'une bonne partie des quelque dix mille personnes qui ont participé aux activités développées à Los

---

[28] À l'été 1942, les différents projets de réalisation d'une arme atomique américaine sont regroupés sous la direction de Leslie Groves, un militaire de carrière, sous le nom de code « District Manhattan ». La direction scientifique en est confiée à Oppenheimer. Cela, à la suite de la lettre d'Einstein à Roosevelt du 2 août 1939 et d'autres tentatives qui, toutefois, comme dans le cas de l'Allemagne, avaient laissé les milieux militaires fort sceptiques. Ce sont seulement les succès des dernières recherches sur la possibilité de réaliser la bombe atomique au Royaume-Uni d'Otto Frish et de Rudolph Peieris, et l'attaque surprise des Japonais sur Pearl Harbour qui ont décidé l'administration américaine à considérer sérieusement le soutien au projet nucléaire. Dans cette initiative, plus de 10.000 personnes vont être impliquées, et près de trois milliards de dollars investis pour couvrir les frais de construction, les coûts en personnel et les dépenses de laboratoires. On obtient alors un premier succès avec la « Pile 1 » de Fermi, où l'on observe la première réaction nucléaire en chaîne auto-alimentée (le 2 décembre 1942 à l'université de Chicago). C'est un pas en avant fondamental pour la réalisation pratique de la bombe nucléaire, et Roosevelt reçoit alors le message suivant : « Le navigateur italien a atteint le Nouveau Monde. »

Alamos[29]. Il disait, en substance, que le succès américain est dû à la qualité et aux capacités de ces deux personnalités, si différentes sur les plans culturel et psychologique : Oppenheimer était un homme au caractère facile et proche politiquement du parti communiste ; Groves, plus rigide, était un militaire efficace. Il est fort probable que, sans les capacités d'action de Groves et les compétences scientifiques d'Oppie, comme on le surnommait, la bombe atomique n'aurait pas vu le jour.

POUR revenir a notre histoire en 1942, à l'université de Chicago, Fermi, comme on a dit, avec ses collaborateurs, parvient à obtenir la première réaction nucléaire en chaîne. C'est là une expérience qui se révélera décisive pour la réalisation de la bombe atomique et la fabrication des trois premières bombes : celle utilisée pour l'essai nucléaire, et celles d'Hiroshima et de Nagasaki. Il convient d'ajouter que l'effort américain

---

[29] Après la décision, prise par Roosevelt, de soutenir l'effort visant à doter les États-Unis de l'arme atomique, est crée le projet secret « Manhattan » durant l'été v1942. Le 18 octobre suivant, Groves, Oppenheimer et Bush se rencontrent à Washington pour décider de la façon de mener à bien le projet de bombe atomique, ainsi que du lieu où le réaliser. Il devait s'agir, selon Groves, d'une localité isolée et éloignée de tout centre habité, afin de ne pas éveiller la curiosité et l'intérêt, mais qui reste cependant facile d'accès. On choisit alors une localité du Nouveau Mexique, près de Santa Fe. Les activités civiles, les fermes, les agriculteurs et les cultures sont déplacés au loin. On ne garde qu'une seule adresse postale : 1663, Los Alamos, Mission « Alsos ».. En 1943, en très peu de temps, surgit une petite ville secrète, comprenant des maisons, des laboratoires, des bureaux et des espaces communs, et comptant bientôt 1500 habitants. Les États-Unis n'étaient pas préparés pour intervenir dans le champ de l'espionnage atomique. C'est pourquoi le général Groves, en 1943, avec l'accord de Roosevelt, crée une mission *ad hoc*, avec des spécialistes du terrain, nommée « Alsos ». Elle a pour tâche d'enquêter sur les recherches atomiques militaires de l'Allemagne et de ses satellites. Et, le cas échéant, de détruire les laboratoires et les installations ennemis, et d'emporter le matériel résiduel en Amérique. Mais le général Groves était plus encore obsédé par les activités dans ce domaine de l'Union Soviétique et par les membres américains du parti communiste, si bien qu'il n'a pas manqué d'enquêter aussi, par la suite, sur Oppenheimer lui-même.

pour réaliser l'arme atomique, qui a impliqué de nombreuses universités, ainsi que le rapport de Vannevar Bush, qui incitait le gouvernement à effectuer des investissements massifs dans la recherche scientifique pour le progrès de la Nation, ont conduit les États-Unis, et ils le sont toujours aujourd'hui, à être à l'avant-garde dans le domaine scientifique, dépassant de loin les autres pays, y compris l'Europe. La lettre par laquelle Bush accompagnait l'envoi de son rapport au président Roosevelt[30], du 25 juillet 1945, se terminait ainsi : «… L'esprit de pionnier est encore vibrant dans cette Nation. À qui possède les instruments adéquats, la science offre un territoire largement inexploré encore. Les récompenses seront grandes pour l'individu comme pour la Nation. Le progrès scientifique est une condition inévitable de la sécurité nationale, du salut des citoyens et du progrès culturel ; il est fondamental pour favoriser la croissance économique et pour obtenir une qualité de vie plus élevée. »

La guerre est pratiquement terminée en Europe. Le 25 avril 1945, l'Armée rouge et les troupes américaines opèrent leur jonction sur l'Elbe à Torgau. Mais la « guerre froide », qui va se jouer en grande partie sur l'avenir des armes atomiques, a déjà commencé. Et nous allons retrouver, en 1945, les brillants physiciens de Weimar à Farm Hall, en Angleterre.

---

[30] Vannevar Bush, *Science the Endless Frontier.*

CHAPITRE 6
FARM HALL

Loin du front, près de la célèbre université de Cambridge, se trouve Farm Hall, un bel édifice immergé dans la campagne anglaise et qu'utilise parfois l'université pour des conférences et des séminaires. Mais, durant la guerre, elle va servir de base pour préparer des opérations secrètes.

C'est là que les physiciens allemands qui avaient participé aux recherches atomiques du nazisme, l'« Uranverein », le « club de l'uranium», et qui avaient été capturés au début de mai 1945 par les services secrets américains, avant d'être emmenés le 3 juillet à Farm Hall, ont appris, le 6 août, l'explosion de la bombe nucléaire à Hiroshima. Leur première réaction, en tant que scientifiques, a été celle de mettre en doute les informations reçues, au nom du primat de la science allemande. Mais ensuite, ayant reçu confirmation du fait, ils ont entamé entre eux un débat animé, dont l'atome était bien évidemment l'objet. Les autorités alliées les avaient mis au secret, afin de leur empêcher tout contact avec l'extérieur, dans un lieu truffé de micros cachés. On voulait connaître leur degré d'implication dans le régime nazi, mais surtout le niveau de développement atteint dans le processus de construction d'une arme atomique : la bombe de Hitler. L'opération avait pour nom de code « Epsilon », et était projetée par les Américains pour éviter par ailleurs que les scientifiques allemands, engagés dans les recherches atomiques, avec tout le matériel relatif, ne tombent entre les mains des Russes. La liste comprenait une série d'illustres savants : Max von Laue, Erich Bagge, Kurt Diebner, Walther Gerlach, Carl von Weizsacker, Otto Hahn, Paul Harteck,

Werner Heisenberg, Karl Wirtz et Horst Korsching. Otto Hahn fêtera son prix Nobel en détention avec ses collègues. Ils avaient été capturés par un commando anglo-américain qui s'était infiltré derrière les lignes allemandes à Hechingen, à l'orée de la Forêt Noire, où, après les bombardements de Berlin, avait été transférée une partie du Kaiser Wilhelm Institut für Physik. Heisenberg a été capturé en Bavière, Diebner et Gerlach à Munich. En maintenant le secret avec les autorités françaises durant le trajet, le groupe de physiciens avait été conduit en Angleterre, à Farm Hall. Seuls quelques physiciens importants avaient échappé aux Américains, comme Fritz Bopp et Walther Bothe, capturés par les Français, et Manfred von Ardenne, tombé aux mains des Russes.

L'opération « Epsilon » était dirigée par un scientifique américain, informé des secrets de la bombe américaine : Samuel Goudsmit. À Washington régnait sur ce type d'activités secrètes le général Leslie Groves, obsédé par l'idée que les Russes puissent s'emparer des secrets atomiques des nazis ou d'autres résultats de recherches industrielles stratégiques, si bien que, quand il a su que les usines Auer, qui traitaient du matériel radioactif, allaient finir dans la zone d'occupation soviétique, il en a ordonné le bombardement et la destruction totale. On raconte également que Groves était peut-être moins préoccupé par les dimensions des projets à gérer, y compris le projet Manhattan, que par le fait de devoir s'occuper de scientifiques venus de différentes universités. C'était un solide militaire, diplômée en ingénierie, que nous retrouverons bientôt.

Les enregistrements des discussions animées entre ces physiciens à Farm Hall témoignent des différentes attitudes de la communauté scientifique allemande à l'égard de la bombe de Hitler : de l'incrédulité à l'annonce du bombardement d'Hiroshima, en tant que physiciens, puis du dépit de voir d'autres physiciens (Juifs allemands, physiciens de différentes nationalités autres qu'allemandes et Américains) les dépasser dans le domaine des recherches nucléaires.

Le 6 août, avant le dîner, le major T.H. Rittner, chargé de la surveillance des physiciens allemands, prend Hahn à part, le moins engagé idéologiquement, et lui apprend l'explosion de la bombe nucléaire à Hiroshima. Hahn, jeune chimiste lors de la Première Guerre mondiale, avait été impliqué dans la production des gaz toxiques que les Allemands avaient utilisés à Ypres contre les troupes anglaises et, depuis, il avait développé un sentiment de répugnance qui l'avait conduit à devenir un antimilitariste convaincu. Hahn a été pris d'une crise de nerfs à l'annonce de ces destructions et de ces milliers de morts, en disant que, si cela était dû aussi à ses découvertes en 1938 sur la fission nucléaire, il songerait au suicide. Le major Rittner l'a calmé avec une bonne dose de whisky, puis ils sont descendus dans la salle à manger, où Hahn a annoncé la nouvelle à ses collègues. Leur première réaction, étant donné d'abord qu'il n'y avait aucune preuve du fait, a été de ne pas considérer la nouvelle comme vraie. Heisenberg s'est exclamé : « Je ne crois pas un seul mot de cette histoire. Rien que pour séparer les isotopes, il aurait fallu dépenser au moins cinq cent millions de dollars. Il doit s'agir d'une bombe à haute pression, mais qui n'a rien à voir avec l'uranium. »

Cependant, le lendemain matin, les savants allemands sont réunis à neuf heures et, au journal radio de la BBC, ils apprennent la réalité de l'explosion atomique.

Cette fois, les réactions changent. De dépit, celle de Heisenberg, qui estime toujours que la physique du régime aurait fait mieux s'ils n'avaient pas manqué de fonds et des ressources qui, dans un premier temps, avaient été promises par Himmler en personne, puis par Goering. Weizsacker, en revanche, a ajouté : « Je crois que la raison de notre échec est due au fait que de nombreux physiciens ne se sont pas impliqués. » Puis, en nationaliste convaincu, il a ajouté : « Si tous avaient voulu que l'Allemagne gagne la guerre, nous l'aurions emportée. » Ce sont là les propos fidèlement retranscrits à partir des enregistrements effectués à Farm Hall[31].

Heisenberg et Weizsacker n'étaient pas membres du parti nazi, mais ils se montraient complaisants à l'égard du régime. On les avait envoyés, lors de diverses missions, pour tenter de rallier les scientifiques des pays occupés aux thèses de la propagande nazie. Mais certains adoptaient une attitude ambiguë, qui tendait à sauver leur réputation devant la communauté scientifique internationale, même s'ils ne s'étaient pas opposés à l'expulsion de leurs collègues juifs hors des universités. Heisenberg, par exemple, a tenté d'éviter le démantèlement du laboratoire à Copenhague d'un autre grand physicien, Niels Bohr, son maître et une sommité dans les recherches en physique quantique. Les conclusions que nous pouvons en tirer, bien des années plus tard, nous disent que les physiciens allemands, bien qu'ils fussent aiguillonnés par le nazisme, n'étaient pas en mesure, techniquement, de réaliser une arme de guerre à fission nucléaire. Si bien que le régime a laissé tomber ce projet qui, pour de nombreux milieux militaires, était considéré comme trop nébuleux, malgré les insistances de certains personnages haut placés, tels Goering et Albert Speer, favorables à ce qu'on poursuive les recherches, suite à un rapport de Heisenberg. Il fallait se concentrer plutôt, comme on l'a dit, sur la recherche concernant les fusées, qui ont été réalisées sous la forme des

---

[31] Institute of Physics Publishing, Bristol and Philadelphia.

V1 et V2, si dévastatrices. Même si Heisenberg, outre son prestige personnel, bénéficiait du soutien de Himmler, leurs deux mères respectives étant liées par une solide amitié, les recherches sur la réalisation de la bombe atomique ont subi un ralentissement décisif. L'aide de Himmler a été plus utile à Heisenberg, comme on l'a rappelé, dans une autre occasion: quand le physicien nazi Spark l'a accusé d'être un « juif blanc » et de soutenir les théories d'Einstein.

Plusieurs de ces physiciens, au lendemain de la guerre, à cause de cet échec, ont plaidé l'impératif moral, à savoir le refus du scientifique de produire des armes mortelles à l'échelle de l'humanité. Mais leur conviction était bien faible, étant donné qu'ils ne pouvaient pas ignorer les atrocités commises par le régime dans les camps d'extermination, où d'autres membres de la communauté scientifique avaient fini.[32]

L'opération « Epsilon » s'est ainsi achevée sur un soupir de soulagement de la part des alliés, en apprenant que les scientifiques allemands n'auraient pas eu, malgré leurs connaissances scientifiques avancées, les capacités techniques et industrielles, ni les moyens matériels, pour produire une bombe atomique. Par ailleurs, les résistants norvégiens

---

[32] Voici un échantillon de phrases des physiciens en captivité à Farm Hall. Certains déclarent ne pas être inscrits au parti nazi. D'autres, comme Erich Bagge, qu'ils ont été inscrits à leur insu. Heisenberg, que « durant la guerre, [il a] reçu cinq demandes d'aide, dans des affaires où des personnes ont été tuées par les nôtres », et il cite plusieurs noms, parmi lesquels celui du spécialiste des rayons cosmiques Cousyns, en disant qu'il avait disparu dans un camp de la Gestapo et que, même en ayant eu recours à Himmler, il n'était pas parvenu à intervenir, mais qu'[il] pense qu'il est mort lui aussi. Et il en va de même pour d'autres scientifiques « tués ». Par conséquent, Heisenberg savait qu'il travaillait pour un régime criminel. Et, dans la discussion de ce jour-là intervient Karl Wirtz : « Nous avons fait des choses uniques au monde. En Pologne, non seulement nous avons assassinés les Juifs, mais dans un cas les SS ont rassemblé les filles de terminale et les ont tuées, pour la simple raison qu'il fallait éliminer la future ''intelligentsia'' polonaise. Voilà ce que nous avons fait. »

et un commando anglais avaient détruit l'unique centre de production d'eau lourde en Europe, à Vemork, en Norvège, un élément indispensable pour mener à bien le processus de la fission nucléaire. Début janvier 1946, les physiciens allemands ont pu rentrer chez eux, avec l'engagement toutefois d'aider les savants de leur pays à reconstituer le tissu scientifique de l'Allemagne de l'Ouest, dévasté par la guerre. Ce qui a été accompli grâce à des fonds spéciaux. La guerre froide venait de commencer, et on savait peu de choses sur les activités du centre de recherches atomiques de Doubna, en Union soviétique.

En réalité, l'opération « Epsilon » faisait partie d'un plan plus vaste baptisé opération « Alsos », que les Anglo-Américains avaient établi dès le début de 1943, sous le commandement du général Groves, pour empêcher les Allemands de réaliser une arme nucléaire. Mais l'objectif était aussi de soustraire aux Russes toute information utile pour leurs propres recherches nucléaires. Pour l'Italie, l'attitude a été différente, moins violente que celle adoptée à l'encontre des différents laboratoires allemands. Cela est dû au respect nourri à l'égard de Fermi. Il en a été de même pour les laboratoires de Joliot-Curie. De fait, à Rome, on s'est contenté d'interroger Edoardo Amaldi pour déterminer s'il était informé des recherches atomiques de ses collègues allemands. L'opération « Alsos » se concrétise en Italie à la suite du débarquement allié à Anzio et de la prise de Rome.

Sur le front nord, la mission « Alsos » était prête à entrer en action tout de suite après le débarquement de Normandie, le D day et, à mesure que les alliés progressaient, les laboratoires, les instituts et les centres de recherche, parmi lesquels Strasbourg, Hechingen, Haigerloch, et tous les instruments ont été détruits, et la documentation emportée et envoyée aux États-Unis. Nous en sommes presque à la fin de la guerre, en avril 1945..

Le Führer se suicide le 30 avril 1945. L'opinion publique apprend le 6 août 1945 l'explosion de la bombe atomique avec un mélange de soulagement et de stupeur, même si la Une des quotidiens, comme *France-Soir*, titrait : « Hiroshima ne compte plus un seul être vivant ». *Le New York Times* écrivait quant à lui : « First Atomic Bomb dropped on Japan. Missile is Equal to 20,000 Tons of TNT. Truman Warns Foe of a "Rain of Ruins". » Le *Sydney Morning Herald* : « Atomic Bomb may end War ». Le *Corriere di Informazione*, à Milan : « La bombe atomique a pulvérisé tous les êtres vivants à Hiroshima. » Et ainsi toute la presse mondiale, où rares étaient les photos qui montraient les quelques survivants. Au contraire, les photos abondaient à souhait du champignon atomique.

La guerre était-elle vraiment finie ? Les physiciens nourrissaient quelques doutes.

Pour l'opinion publique européenne et américaine, en août 1945, Hiroshima était bien loin, et on préférait pousser un grand soupir de soulagement : on était sortis du cauchemar de la guerre, et on avait dès lors tendance à relativiser les nouvelles sur les effets dévastateurs de la bombe. Hiroshima marquait surtout la fin du cauchemar, même si on ne connaissait pas encore le terrible pouvoir destructeur de l'arme atomique et l'effet létal sur les populations des radiations émises par une explosion de cette nature.

La communauté des physiciens, en revanche, savait. Pour nombre d'entre eux, c'était là une tragédie justifiée par la nécessité de mettre un terme à une guerre atroce, non voulue, et d'éviter davantage de morts et de souffrances. Et beaucoup de physiciens, à commencer par Einstein et Oppenheimer lui-même, ont été par la suite des opposants acharnés à l'emploi et au développement de l'arme atomique. D'autres, comme certains de ceux que nous avons rencontrés à Farm Hall, étaient moins intéressés par les aspects humanitaires que, plutôt, comme on l'a vu, par des questions de compétition scientifique dans le domaine de la physique. Certains ont tenté, par la suite, de verser quelques larmes de crocodile, mais, on l'a dit, avec peu de crédibilité. D'autres enfin, comme Pontecorvo et Teller, sur deux terrains opposés, pour des raisons de suprématie idéologique, ont continué à travailler, dans cette affaire, pour une arme encore plus mortelle que les première bombes atomiques : la bombe H.

C'est là l'éternel débat sur la liberté de recherche des scientifiques et sur le bon ou mauvais usage de leurs découvertes. Mais rappelons cependant que, sans liberté de la science, il n'est pas de progrès possible pour la société.

La guerre est finie, et la vie reprend son cours, avec son lot de problèmes quotidiens, mais aussi de belles, parfois tourmentées, histoire d'amour, comme celle que nous raconte le film *Hiroshima mon amour*.

CHAPITRE 7
HIROSHIMA MON AMOUR ET
LE ROI SALOMON

À bord du quadrimoteur « Enola Gay », qui a décollé de Tinian, dans l'archipel des Mariannes, et qui est piloté par le colonel Paul Tibbets, se trouve un certain objet baptisé « Little Boy », fruit des recherches les plus avancées de la communauté des physiciens théoriques et nucléaires, et réalisé par un groupe de brillants scientifiques. Beaucoup d'entre eux, durant la République de Weimar, étaient à Göttingen dans les années 1920, en particulier aux séminaires de Born dans les années 1926-1927, y compris Fermi et Oppenheimer, le physicien qui a dirigé la réalisation de « Little Boy ». Il s'agit de 60 kg d'uranium 235, munis d'un mécanisme de mise à feu, qui seront largués sur Hiroshima, à 8H14, le 6 août 1945. On estime que le nombre des victimes des deux bombardements atomiques d'Hiroshima et de Nagasaki, hommes, femmes et enfants, s'élève à deux cent mille. De beaucoup n'est restée qu'une ombre sur la pierre.

Faut-il s'en souvenir, ou bien oublier pour vivre ? Voilà un question bien difficile. C'est ce que nous raconte Marguerite Duras dans son roman *Hiroshima mon amour*, et ce que nous montre Alain Resnais dans son beau film éponyme, en 1959. C'est l'histoire d'une jeune française qui, après une relation malheureuse avec un soldat allemand durant la guerre à Nevers, rencontre, pour une brève histoire d'amour, à Hiroshima, un architecte japonais, qui a survécu au massacre atomique. Oublier, pour vivre ne serait-ce qu'un seul moment de bonheur, malgré les flash back de souvenirs douloureux. Se souvenir, ou bien oublier ? Tel est le thème du film. Des jeux de miroir infinis : se souvenir, ou chercher à oublier.

Ce sont là des questions que nous nous posons, nous aussi, au terme de ce récit, après l'histoire des lumières de Weimar et de ses excès ; des cabarets à la physique atomique, de Pinnemberg à Hitler, jusqu'à Hiroshima.

Se souvenir, ou bien oublier ? Et oublier pour vivre, comme semblent le dire les personnages du film ? Peut-être n'existe-t-il pas de réponse cohérente. Pour la bonne et simple raison aussi que les nouvelles générations semblent avoir tendance à oublier, comme dans un processus de santé mentale, goulag, Auschwitz, Guernica, Dresde, Hiroshima, populisme, nationalisme et les tragiques fascismes noirs et rouges.

Après un conflit nucléaire, il ne subsiste plus rien, pas même l'histoire, et ces réflexions deviennent alors purement rhétoriques et vaines. Salomon, qui est resté seul, dans quelque recoin de l'univers infini, voudrait nous dire quelque chose. Mais peut-être est-il déjà trop tard.

SALOMON

« Oui, c'est bien moi, Salomon, et il est déjà trop tard. J'ai perdu la Terre, le royaume qui m'avait été confié. La planète, dont j'étais le Roi et le Seigneur, n'est plus à présent qu'un corps pulvérisé par les radiations, désormais inhabitable, et qui continue à tourner autour du Soleil comme la porte à tambour du Grand Hôtel. Or, tout s'est passé en quelques jours, avec des vents radioactifs qui ont balayé toute forme de vie de la surface de la Terre. Ce n'était pas prévu. La faute n'en incombe pas aux animaux ni aux cyclones ni à d'autres formes de catastrophes naturelles. Elle est tout entière celle de cet être stupide : l'homme. Il avait reçu ce présent, avec ses plaines verdoyantes, ces montagnes enneigées, ses océans immenses et, même si, quelque temps, le substrat de magma liquide de la croûte terrestre a produit des montagnes, des volcans et de nouveaux continents, la terre a donné des fleurs et des fruits en abondance. »

Telles seront les lamentations de Salomon, au terme d'une guerre nucléaire. Mondiale, très probablement, car désormais l'arme atomique est très répandue, et même des pays proches du terrorisme international la possèdent. Mais ce n'est la faute ni de Neandertal ni des premières tribus des Sapiens qui habitaient un paysage sans frontières, en suivant parfois les troupeaux d'animaux, au fil des saisons. Il y avait suffisamment de nourriture pour tout le monde et une grande liberté de déplacement. La Terre formait un Royaume commun. À présent, avec notre histoire, notre intelligence, notre culture, nous nous sommes retranchés derrière des clôtures, les frontières, et nous sommes même disposés à mourir pour disputer quelques mètres carrés de terrain aux autres, ou à cause de certaines formes de pseudo-culture, que nous appelons idéologies. Et les religions, qui sont par essence universalistes, ne nous aident pas, peut-être parce qu'il y a trop de dieux. Quoi de neuf, petit homme ? Comme dans le roman de Fallada, il ne nous reste qu'à nous donner un mal de chien pour vivre au jour le jour et, peut-être, suivre les bonimenteurs de la télévision ou ces personnes ridicules que sont les « influenceurs », ou les conseillers occultes des « réseaux sociaux » qui nous proposent la dernière pommade miraculeuse contre les radiations (produite par la célèbre multinationale Krapp). Nous l'achèterons, et nous mourrons, rassurés et heureux, de notre propre créativité.

Se souvenir, ou bien oublier ? À plusieurs reprises, dans notre récit, nous avons fait référence aux analogies entre la situation des années 1920 et celle des années 2020, avec un sentiment diffus de dégradation de la société, de perte de valeurs et d'incapacité du monde occidental à renverser la vapeur, à modifier le cours des événements pour tenter de ne pas connaître les horreurs que nous connaissons tous et que nous avons tous en mémoire. Malheureusement, l'histoire de Weimar nous enseigne que même une grande tradition culturelle n'est pas un antidote ni une force de dissuasion contre ceux qui veulent changer les règles de la société vers des formes comme toujours catastrophiques d'autoritarisme ; et elle n'est pas davantage capable de nous empêcher de céder à la tentation de recourir à des moyens de destruction de masse.

L'atome, le farfadet atomique qui se niche dans les cerveaux malades, est souvent évoqué, et voilà que nous nous sommes habitués à vivre avec cela.

Les amants d'*Hiroshima* tentent d'éloigner les souvenirs pour un instant d'amour. Nous, nous devrions sans doute nous souvenir, nous souvenir encore et toujours, pour essayer de comprendre et, peut-être, pour essayer d'apprendre.

Le temps est venu de nous souvenir, et de ne pas être fatalistes comme Pinnemberg, car nous sommes les auteurs de l'histoire.

Postscriptum

On n'en a pas parlé pendant plusieurs années, mais voilà qu'elle revient. c'est l'horloge de la fin du monde : le Doomsday Clock. Plusieurs des physiciens du projet Manhattan, réunis autour du Bulletin of the Atomic Scientists, conscients du danger absolu que représenterait pour l'humanité une guerre nucléaire entre grandes puissances, ont décidé de créer en 1947 le Doomsday Clock avec une aiguille qui, selon le danger réel d'un conflit nucléaire, marquerait le temps restant pour atteindre minuit, symbolisant par là la fin de l'humanité, l'Apocalypse. Au plus fort de la Guerre froide, l'aiguille s'était rapprochée bien dangereusement de minuit. Puis elle s'en était éloignée. Aujourd'hui, 10 mars 2020, elle n'est plus qu'à cent secondes de minuit. Ce qui a déterminé ce mouvement, ce sont les attitudes confuses et parfois imprévisibles de certains chefs d'État (comme la Corée du Nord), la sortie des États-Unis des traités atomiques bilatéraux et multilatéraux, en particulier avec l'Iran, l'instabilité du Pakistan, qui possede la bonbe atomique, et son jeu trouble avec certaines organisations terroristes, la situation au Proche-Orient, où Israël possède l'arme atomique, et la faiblesse croissante des Nations Unies face à un climat politique mondial en voie de décomposition, où certains États, parmi lesquels ceux du Golfe persique, l'Iran et la Corée du Nord s'apprêtent à se doter à leur tour de l'arme atomique.

Pour le virus « Corona », on peut espérer la réalisation prochaine d'un vaccin, mais, comme nous le dit Dürrenmatt, le pauvre Salomon restera-t-il tout seul pour contempler une Terre perdue tournant en vain dans l'univers, réduite en cendres par les radiations d'un conflit nucléaire ?

111

ANNEXE 1

Lettre d'Albert Einstein au président Roosevelt

« 2 août 1939.

Monsieur,

Un travail récent d'E.Fermi et L.Szilard, dont on m'a communiqué le manuscrit, me conduit à penser que l'uranium va pouvoir être converti en une nouvelle et importante source d'énergie dans un futur proche. Certains aspects de cette situation nouvelle demandent une grande vigilance et, si nécessaire, une action rapide du gouvernement. Je considère qu'il est donc de mon devoir d'attirer votre attention sur les faits et recommandations suivantes :

Au cours des quatre derniers mois, grâce aux travaux de Joliot en France et ceux de Fermi et Szilard en Amérique, il est devenu possible d'envisager une réaction nucléaire en chaîne dans une grande quantité d'uranium, laquelle permettrait de générer beaucoup d'énergie et de très nombreux nouveaux éléments de type radium. Aujourd'hui, il est pratiquement certain que cela peut être obtenu dans un futur proche.

Ce fait nouveau pourrait aussi conduire à la réalisation de bombes, et l'on peut concevoir – même si ici il y a moins de certitudes – que des bombes d'un genre nouveau et d'une extrême puissance pourraient être construites. Une seule bombe de ce type, transportée par un navire et explosant dans un port pourrait en détruire toutes les installations ainsi qu'une partie du territoire environnant. On estime néanmoins que des bombes de cette nature seraient trop pesantes pour être transportées par avion.

Les Etats-Unis n'ont que de faibles ressources en uranium. Le Canada est assez bien pourvu, ainsi que l'ancienne Tchécoslovaquie, mais les principaux gisements sont au Congo belge.

Devant cette situation, vous souhaiterez peut-être disposer d'un contact permanent entre le gouvernement et le groupe des physiciens qui travaillent en Amérique sur la réaction en chaîne. Une des possibilités serait de donner cette tâche à une personne qui a votre confiance et pourrait le faire à titre officieux. Cette personne devrait être chargée des missions suivantes.

a. Prendre l'attache des différents ministères, les tenir informés des développements à venir, faire des propositions d'action au gouvernement, en accordant une attention particulière à la question de l'approvisionnement américain en uranium.

b. Accélérer les travaux expérimentaux qui sont actuellement menés sur des budgets universitaires limités, en leur apportant un financement complémentaire, si besoin est, grâce à des contacts avec des personnes privées désireuses d'aider cette cause et en obtenant peut-être la collaboration de laboratoires industriels disposant des équipements requis.

J'ai appris que l'Allemagne vient d'arrêter toute vente d'uranium extrait des mines de Tchécoslovaquie dont elle s'est emparée. Le fils du vice-ministre des Affaires étrangères allemand, von Weizsäcker, travaille à l'Institut Kaiser Wilhelm de Berlin, où l'on a entrepris de répéter des expériences américaines sur l'uranium. Voilà ce qui explique peut-être la rapidité de cette décision.

Sincèrement votre, Albert Einstein. »

ANNEXE 2

Manifeste Russell-Einstein
publié à Londres le 9 Juillet 1955

« Dans la situation dramatique où se trouve l'humanité, nous estimons que les hommes de science devraient se réunir en conférence pour prendre la mesure des périls créés par le développement d'armes de destruction massive et examiner un projet de résolution dont l'esprit serait celui du projet ci-dessous.

Ce n'est pas au nom d'une nation, d'un continent ou d'une foi en particulier que nous prenons aujourd'hui la parole, mais en tant qu'êtres humains, en tant que représentants de l'espèce humaine dont la survie est menacée. Les conflits abondent partout dans le monde...

Chacun d'entre nous, ou presque, pour peu qu'il soit politiquement conscient, a des opinions bien arrêtées sur l'une ou plusieurs des questions qui agitent le monde; nous vous demandons toutefois de faire si possible abstraction de vos sentiments et de vous considérer exclusivement comme les membres d'une espèce biologique qui a derrière elle une histoire exceptionnelle et dont aucun d'entre nous ne peut souhaiter la disparition.

Nous nous efforcerons de ne rien dire qui puisse constituer un appel à un groupe plutôt qu'à l'autre. Tous les hommes sont également en danger, et peut-être, s'ils en prennent conscience, parviendront-ils à s'y soustraire collectivement.

Il nous faut apprendre à penser d'une façon nouvelle. Il nous faut apprendre à nous demander non pas de quelle façon assurer la victoire militaire du groupe auquel vont nos préférences, car cela n'est plus possible, mais comment empêcher un affrontement militaire dont l'issue ne peut qu'être désastreuse pour tous les protagonistes.

Le grand public, et beaucoup parmi ceux qui exercent le pouvoir, n'ont pas pleinement saisi ce qu'impliquerait une guerre nucléaire. Le grand public raisonne encore en termes de villes anéanties. Il sait que les nouvelles bombes sont plus puissantes que les anciennes, et que si une bombe A a suffi à rayer Hiroshima de la carte, une seule bombe H pourrait en effacer les principales métropoles : Londres, New York ou Moscou.

Il est certain que dans une guerre au cours de laquelle la bombe H serait utilisée, les grandes villes disparaîtraient de la surface de la terre. Mais ce n'est là qu'un des moindres désastres que subirait l'humanité. Même si la population entière de Londres, New York et Moscou était exterminée, l'univers pourrait, en quelques siècles, reprendre le dessus. Mais nous savons désormais, en particulier depuis l'essai de Bikini, que l'effet destructeur des bombes nucléaires peut s'étendre à une zone beaucoup plus vaste qu'on ne l'avait cru au départ.

On sait de source autorisée qu'il est désormais possible de fabriquer une bombe 2500 fois plus puissante que celle qui détruisit Hiroshima. Une telle bombe, explosant près du sol ou sous l'eau, projette des particules radio-actives jusque dans les couches supérieures de l'atmosphère. Ces particules retombent lentement sur la surface de la Terre sous forme de poussière ou de pluie mortelles. C'est cette poussière qui a contaminé les pêcheurs japonais et leurs prises.

Nul ne sait jusqu'où s'étendrait ce nuage mortel de particules radio-actives, mais les personnalités les plus autorisées sont unanimes à dire qu'une guerre au cours de laquelle seraient utilisées des bombes H pourrait fort bien marquer la fin de la race humaine. Ce que l'on redoute, c'est, si plusieurs bombes H sont utilisées, que tous les hommes trouvent la mort, mort soudaine pour une minorité seulement, mais la lente torture de la maladie et de la désintégration pour la majorité.

Les avertissements n'ont pas manqué de la part des plus grands savants et spécialistes de la stratégie militaire. Aucun d'entre eux ne va jusqu'à affirmer que le pire est certain. Ce qu'ils affirment, c'est que le pire est possible et que nul ne peut dire qu'il ne se produira pas. Nous n'avons jamais constaté que l'opinion des experts sur ce point dépende en aucune façon de leurs opinions politiques ou de leurs préjugés. Elle ne dépend, pour autant que nos recherches nous permettent de l'affirmer, que de ce que chaque expert sait. Ce que nous avons constaté, c'est que ceux qui en savent le plus sont les plus pessimistes.

Tel est donc, dans sa terrifiante simplicité, l'implacable dilemme que nous vous soumettons : allons-nous mettre fin à la race humaine, ou l'humanité renoncera-t-elle à la guerre? Si les hommes se refusent à envisager cette alternative, c'est qu'il est fort difficile d'abolir la guerre.

L'abolition de la guerre exigera des limitations déplaisantes de la souveraineté nationale. Mais ce qui plus que tout empêche peut-être une véritable prise de conscience de la situation, c'est que le terme "humanité" est ressenti comme quelque chose de vague et d'abstrait. Les gens ont du mal à s'imaginer que c'est eux- mêmes, leurs enfants et petits-enfants qui sont en danger, et non pas seulement une humanité confusément perçue. Ils ont du mal à appréhender qu'eux-mêmes et ceux qu'ils aiment sont en danger immédiat de mourir au terme d'une longue agonie. Et c'est pourquoi ils espèrent que la guerre pourra éventuellement continuer d'exister, pourvu que l'on interdise les armements modernes.

C'est là un espoir illusoire. Quels que soient les accords sur la non-utilisation de la bombe H qui auraient été conclu en temps de paix, ils ne seraient plus considérés comme contraignants en temps de guerre, et les deux protagonistes s'empresseraient de fabriquer des bombes H dès le début des hostilités; en effet, si l'un d'eux était seul à fabriquer des bombes et que l'autre s'en abstenait, la victoire irait nécessairement au premier.

Un accord par lequel les parties renonceraient aux armes nucléaires dans le cadre d'une réduction générale des armements ne résoudrait pas le problème, mais il n'en serait pas moins d'une grande utilité. En premier lieu, en effet, tout accord entre l'Est et l'Ouest est bénéfique dans la mesure où il concourt à la détente. En deuxième lieu, la suppression des armes thermonucléaires, dans la mesure où chacun des protagonistes serait convaincu de la bonne foi de l'autre, diminuerait la crainte d'une attaque soudaine dans le style de celle de Pearl Harbour, crainte qui maintient actuellement les deux protagonistes dans un état de constante appréhension nerveuse. Un tel accord doit donc être considéré comme souhaitable, bien qu'il ne représente qu'un premier pas.

Nous ne sommes pas pour la plupart neutres dans nos convictions, mais en tant qu'êtres humains, nous devons nous rappeler que, pour être réglées à la satisfaction de qui que ce soit, communistes ou anti- communistes, Asiatiques, Européens ou Américains, Blancs ou Noirs, les difficultés entre l'Est et l'Ouest ne doivent pas l'être par la guerre. Nous devons souhaiter que cela soit compris, tant à l'Est qu'à l'Ouest.

Il dépend de nous de progresser sans cesse sur la voie du bonheur, du savoir et de la sagesse. Allons- nous, au contraire, choisir la mort parce que nous sommes incapables d'oublier nos querelles? L'appel que nous lançons est celui d'êtres humains à d'autres êtres humains : rappelez-vous que vous êtes de la race des hommes et oubliez le reste. Si vous y parvenez, un nouveau paradis est ouvert; sinon, vous risquez l'anéantissement universel.

Résolution

Nous invitons le présent congrès et, par son intermédiaire, les hommes de science du monde entier et le grand public, à souscrire à la résolution suivante :

Compte tenu du fait qu'au cours de toute nouvelle guerre mondiale les armes nucléaires seront certainement employées et que ces armes mettent en péril la survie de l'humanité, nous invitons instamment les gouvernements du monde à comprendre et à admettre publiquement qu'ils ne sauraient atteindre leurs objectifs par une guerre mondiale et nous leur demandons instamment, en conséquence, de s'employer à régler par des moyens pacifiques tous leurs différends. »

Le 23 décembre 1954

Ce texte a été signé par :

Professeur Max Born (professeur de physique théorique à Berlin, Francfort et Göttingen, et professeur de philosophie de la nature à Édimbourg; Prix Nobel de physique)

Professeur P.W. Bridgman (professeur de physique, Harvard University; Prix Nobel de physique)

Professeur Albert Einstein

Professeur L. Infeld (professeur de physique théorique, Université de Varsovie)

Professeur J.F. Joliot-Curie (professeur de physique au Collège de France; Prix Nobel de chimie)

Professeur H.J. Muller (professeur de zoologie, University of Indiana; Prix Nobel de physiologie et de médecine) Professeur Linus Pauling (professeur de chimie, California Institute of Technology; Prix Nobel de chimie) Professeur C.F. Powell (professeur de physique, Bristol University; Prix Nobel de physique)

Professeur J. Rotblat (professeur de physique, University of London; Medical College of St Bartholomew's Hospital) Bertrand Russell

Professeur Hideki Yukawa (professeur de physique théorique, Université de Kyoto; Prix Nobel de physique)